Econo-Globalists 27

金《きん》は下がったら買う。
トランプはドルを切り下げる

Trump Trumps Deep State

副島隆彦
Takahiko Soejima

祥伝社

金《きん》は下がったら買う。
トランプはドルを切り下げる

まえがき

アメリカ大統領選挙で、ドナルド・トランプが当選、大勝利した（昨年11月6日）。

この本が出る頃に就任式《エノギュレイション》（1月20日）があり、トランプ政権は即座にいろいろな大改革を実行する。その内容は、きっと私がここで予言的に書き並べる、以上にとても激しいものだ。

世界中で「トランプという男は何をするか分からない。心配だ。これからの世界はどうなるのか。日本に対してどういう影響が出るのか」と、多くの人々が心配している。この漠然とした大きな不安に対して、私がこの本であれこれ対策を示す。しかし、私の思い（予測）どおりに行くか、分からない。

私は他の本でも書いたが、トランプは、この4年間（バイデン政権時代）に自分に対してヒドいことをした者たちを許さない。必ず復讐する。この復讐を「ヴェンデッタ」と言う。このヴェンデッタ vendetta は、イタリアのマフィアの用語だ。マフィア暴力団が伝統的に使ってきた、長年の敵たちに対する激しい報復《ほうふく》のことである。日本人は復讐や反撃の意味で、スポーツ用語として ✕ リベンジや、✕ アベンジ（ジャー）や、リターンマッチを使う。私はこれらのコトバが嫌いだ。私はスポーツ観戦が嫌いだ。あれらに嵌《は》まるほど知能が低くない。

ヴェンデッタはそれよりも強い言葉だ。日本の英和辞典にも載っている。トランプの大統領就任後の4月ごろから、激しいヴェンデッタの嵐が吹くだろう。首都ワシントンでは官僚（上級公務員）の8割ぐらい、合計4万人ぐらいがクビ（解職）にさせられる。あるいは、僻地《へきち》（たとえばアラスカ州とか）に飛ばされる者たちが出る。高級軍人たちも同じだ。

それに対して、ディープステイト側であり、米民主党支持である下級公務員たちからの「大量クビ切り、反対」のストライキが起きるだろう。トランプ政権は、それらを踏みつぶして前に進む。私は、この場面でのトランプを支持している。

金《きん》の国内小売価格は今、1グラム14,000円台

出典　田中貴金属の資料から作成

これらのアメリカ政治の激しい動きについては、本書の後ろのほう（第4章から）で少しだけ論じる。

この本は金融・経済の本だ。だから読者に向かって強調すべきは、**金《きん》は値下がりしたら買いなさい**、である。この一点張《いってんば》りである。すでに私の言うことを聞いて、これまでに金をたくさん買って儲《もう》かった人たちが全国にたくさんいる。だから金が少し値下がりしたら、それを好機（チャンス）だと考えて、さらに買い増《ま》ししなさい。長い目で見たら、金《きん》は必ず今の2倍の値段になります。

金《きん》は、今は1グラム＝1万4000円ぐらい（小売り）で動いている。これが、倍の1グラム＝3万円になるのは2年ぐらい先だろう。その頃、トランプの電撃作戦（Blitzkrieg ブリッツクリーク）による大改革が疲れてきて緩《ゆる》むからだ。

金の値上がりの予想の表（グラフ）は、私が前著の『金融恐慌が始まるので　金《きん》は3倍になる』（2023年12月、祥伝社刊）で書いたとおりである。再度、この本にも載せる。金の今後の値上がり予想（予定）である。

*

表紙カバーに打ち込んだ Trump Trumps Deep State「トランプ・トランプス・ディープステイト」という英文書名について説明する。

これは日本語に訳すと、「トランプが大統領選挙で大勝ちして、ディープステイトに大勝した」という意味である。trump《トランプ》という英語の動詞は、普通の英和辞典を引くと、「切り札を切って（大きく）勝つ」と書いてある。長年、日本人には意味が分からない。誰も説明しない。日本の英語公教育《こう》はヒドくて低劣《ていれつ》なので、英語教師たちも本当の意味が分かっていない。実感で分かっていない。だから私が日本国民のために、金融・経済の本なのに敢《あ》えて英文書名にすることで教えておく。大事なことなのだ。

日本人が知っているのは tramp で、「踏みつぶす」という意味の動詞である。「トランプ」は「バンバンと地面を踏む」という意味だ。これで、この英文タイトルを「トランプはディープステイトを踏みつぶした」という意味で日本語に翻訳したら、まあ、秀才だな。だけど、trump と tramp は「u」と「a」で、単語が違うでしょ。

日本語で「トランプ遊びをする」の「トランプ」は、play cards と言う。ところが「カード」という言葉だけでは、日本人には意味が通じなかった。それで仕方なく、その前に「トランプ」を付けて「トランプカード」にした。いつの間にか「カード」が取れて、「トランプ」

だけで英語のカードゲームの意味になったのである。
だから本書の英文タイトルは、アメリカ大統領に復活したドナルド・トランプは、カード遊びで（切り札を切って）大勝ちした、という意味である。なかなか複雑である。だが、ここまで説明しないと、日本人は誰も「トランプ」の意味が分からない。100年かかって、ようやくこんなものだ。アメリカ大統領の名前が自然に持っている意味さえ分からない。困ったことだが、誰かが説明しておかないといけないので私がやった。

2025年1月

副島隆彦

目次

第2章 トランプは、こうしてドルを切り下げる 77

第3章 もはや株はカジノ(バクチ)だ 121

第4章 トランプの復讐に怯《おび》えるビッグテック企業　189

装幀／中原達治
図版／篠　宏行

報道記事などの引用に際しては、読みやすさを考慮し、文意を損ねず加除訂正を行ない、注記を入れて整序した。

第1章

金《きん》は値下がりしたら買いなさい

●トランプ新政権が採《と》る手品（インチキ）の経済政策

トランプ復活政権は、大《だい》借金を返せない。これまでにアメリカ政府が40年間ぐらいずっと密《ひそ》かに抱えてきた、ものすごい金額の累積《るいせき》の財政赤字の総額（それは隠されている分が多い）。その総額は1000兆ドル（14京《けい》円）である。それを減らすことはできない。

トランプは勝利演説（2024年11月6日）で言った。ロバート・ケネディJr.（保健福祉長官になる）に「（医薬品問題で）何でも好きなようにやりなさい」と言ったあと、“We're《ウィア》 gonna《ゴナ》 be《ビー》 paying《ペイイング》 down《ダウン》 debt《デット》. We're gonna be reducing《リデューシング》 taxes《タックシズ》.”と言った。「我々は（国の）借金を返済する。我々はいろいろな税金を減らす（減税する）」と言った。

しかし、トランプは大借金の返済はできない。するとトランプは、旧来の大借金とは別個に、別立てで、政府の新しい手品《てじな》を始める。手品は sleight《スレイト》 of《オブ》 hand《ハンド》 早技《はやわざ》でのごまかしである。だからインチキの財政政策をやる。

それが「シャハト債《ボンド》」だ。 まったく新しい米国債を発行することで、今のアメリカの苦境に陥《おちい》っている国家破産状態を、トランプはなんとか乗り切ろうとする。この新しい名前のヘンな国家借金証書は、どうせインチキである。pretense「プリテンス」と言って、見せかけの八百長《やおちょう》である。

このシャハト・ボンドというのは、１９３３年のドイツで、ナチス政権が始まったときに導入された奇妙な政策である。その前に、すでにボロクズ状態になっていたドイツのマルク通貨の信用を、ナチス政権は実に不思議なやり方で回復させた。アウトバーン（自動車専用道路）を全土に建設し、フォルクスワーゲン（国民車という意味）を急速に成長させて、ドイツ国の復興を急激に達成した。たった3年で、ドイツ・マルクの信用を回復させた。

トランプ新政権は、インチキ経済政策で、アメリカの国家の信用とドル通貨の立て直しをしようとする。しかし、ドイツのシャハト Hjalmar《ヒャルマル》 Schacht《シャハト》 博士の Schacht《シャハト》 Wechsel《ヴェクセル》（証券）は、そのあと、どうしても軍需産業（大砲、戦車、戦闘機、戦艦の大増産）へ向かって、大きな投資が行なわれた。その結果、第２次世界大戦（ＷＷ２）へと向かった。そしてドイツ国は敗戦して没落した。実は、日本国もこの頃、同じようなことをしたのである。

このトランプ政権が必ず採《と》るであろう起死回生の策としての、諸外国を目くらましにし

金は下がったら買う

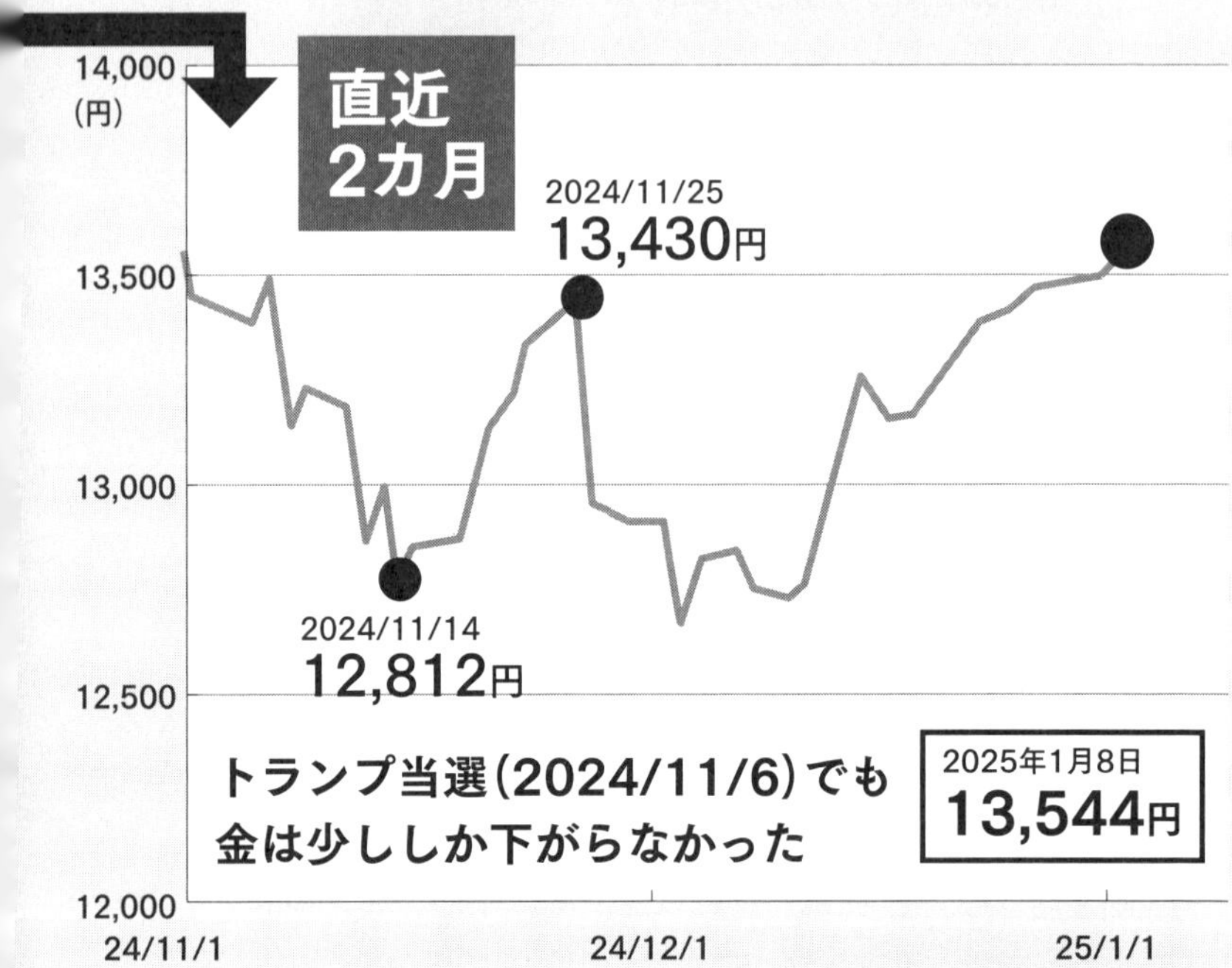

トランプでも金ドル体制の終わりへ

世界は金“資源”本位制に向かっている。米、英中心の世界が終わる。トランプ金融政策の失敗のあと、BRICS通貨ができて受け皿になる。

金《ゴールド》の国内の卸《おろし》価格

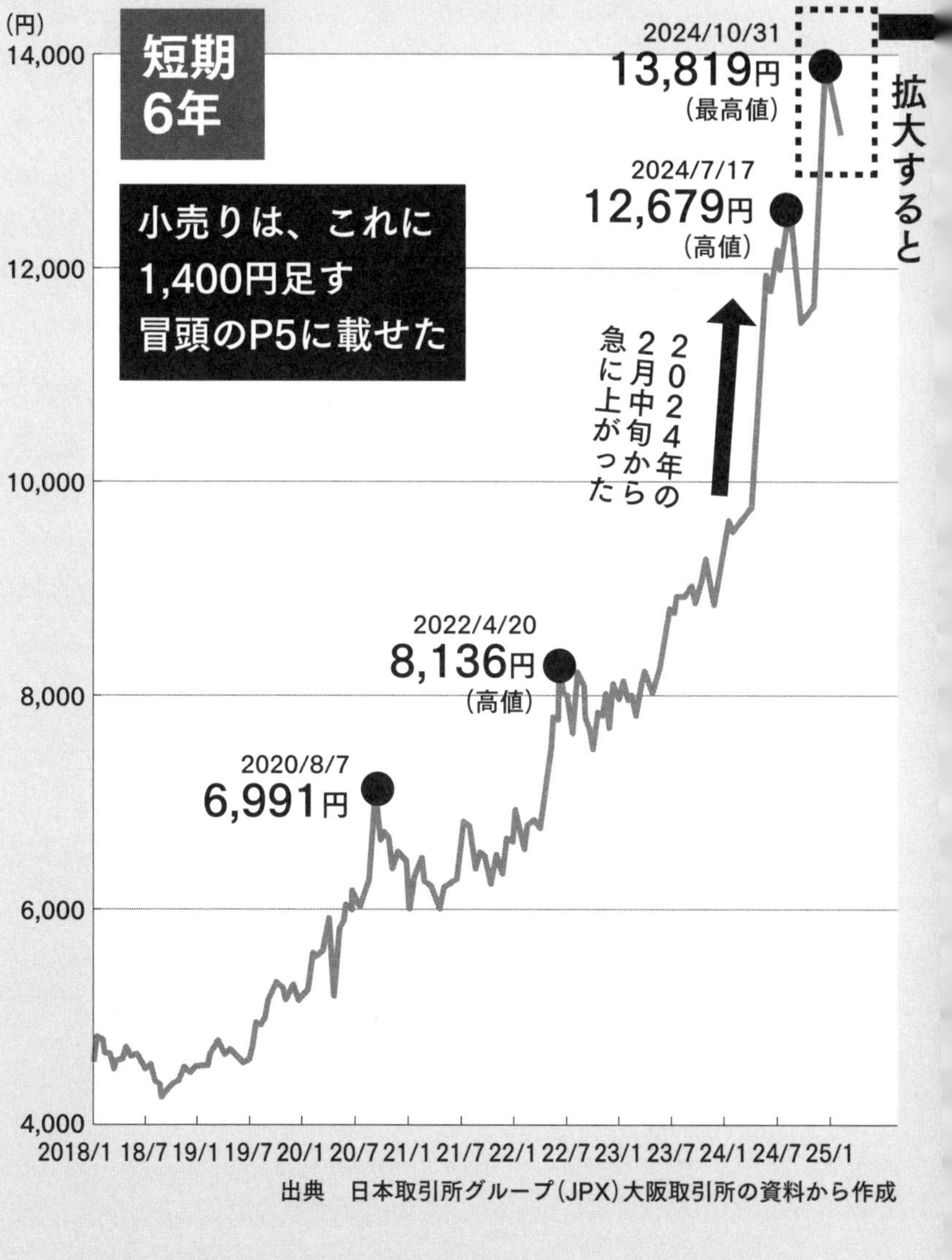

出典　日本取引所グループ(JPX)大阪取引所の資料から作成

て騙《だま》すやり方は、結局は失敗するだろう。このシャハト債という新奇な手品については、本書第2章以下で論じる。

トランプは「私は、戦争はしない。今ある戦争（ウクライナとガザ）は停戦（cease fire シース・ファイア）させる」と言う。本当に停戦（休戦）させるだろう。もうロシアも、ウクライナも、イスラエルも国民が戦争で疲れきっている。疲弊《ひへい》の限界にある。だから、トランプ政権の今後の4年間は、世界で大《だい》戦争は起きない。起こさせない。トランプが世界中をうまく管理する。トランプ自身が、すべての紛争当事者を呼びつけて、話を付けさせる。トランプはこういう交渉ごと（取引）の天才である。これを「Trump deal「トランプ・ディール」と言う。だから2028年までは、世界はなんとか平和を続けるだろう。

だが、そのあとの世界は、再《ふたた》び大きな戦争の危険の中に叩《たた》き込まれる。それが人類の歴史だからだ。このことは、世界大恐慌（グレイト・デプレッション）の突入の先延ばしと同じことである。私は、これからの世界の金融・経済の動きを、これまでと同じように冷酷に予測し、予言することで自分の言論の生き残りをかける。

●「デジタル米ドル」と金地金《きんじがね》の闘い

金《ゴールド》と銀《シルバー》の現状と、これからのことを書く。

「金《きん》とドルの闘《たたか》い」で、トランプ政権（トランプとイーロン・マスク）は、ドルを守るために、暗号通貨（あるいはCBDC。Central《セントラル》 Bank《バンク》 Digital《デジタル》 Currency《カレンシー》 中央銀行デジタル通貨）で金《きん》を打ち倒そうとする。どうもそのように決めたようである（第3章で詳述する）。暗号通貨自体がインチキ（ニセ金《がね》）である。

だから、この金とドルの闘いは、3、4月に熾烈《しれつ》に表面に出る。いよいよ、トランプのMAGA《マガ》（アメリカの復興）戦略が実行に移される。それをインチキ臭《くさ》い、信用のおけない仮想通貨（cryptocurrency《クリプトカレンシー》 暗号通貨）でやろうというのである。仮想通貨で「デジタル米ドル」というのを作って、これでこれまでのドル紙幣に取って替《か》えようとしている。

すでに日本の私たちの身の周《まわ》りにも、「ポイント、ポイント」で、カード決済とPayPay（ペイペイ）のようなスマホ決済が現われている。これに暗号（仮想）通貨が加わる。このトランプの「デジタル米ドル」と金地金《きんじがね》が対立することになる。副島隆彦がずっと20年、唱導《しょうどう》してきた、金による世界の規律《きりつ》化、すなわち政府が勝手にお札《さつ》を刷って、大借金を誤魔化《ごまか》す体制を終わらせるべきだ。この金とデジタル米ドルとが激突する。私は、自分の言論予言者としての命運《めいうん》を、世界のこれからの行く末に任《まか》せる。

これは金《きん》の現物《げんぶつ》（地金《じがね》）と金ＥＴＦ《きんイーティーエフ》との激突でもある。実物《じつぶつ》の金の価値を内側から突き崩すために開発された、金ＥＴＦというニセの金《きん》証券（金の現物に交換できると。ウソ。交換できない）を使ってやる金の先物《さきもの》市場（実物ではないインチキの博奕《ばくち》市場）で吊り上げられた金相場と、実物の金の力（ロシア、中国、ＢＲＩＣＳ諸国が支えている）との闘いである。いよいよ金とドルが雌雄《しゆう》を決する。

このことを如実に示す記事がある。以下の金融・経済情報を配信するコインチェック・ジャパンの記事（原文は英文）である。これに私が分かりやすく注記を入れ、整序して載せる。

「ビットコインが史上最高値（10万ドルになった）を更新するには、ゴールドの一時停止（金の上昇を止めること）が必要」

ビットコイン（仮想通貨）は ダメ

円建ての値段の推移

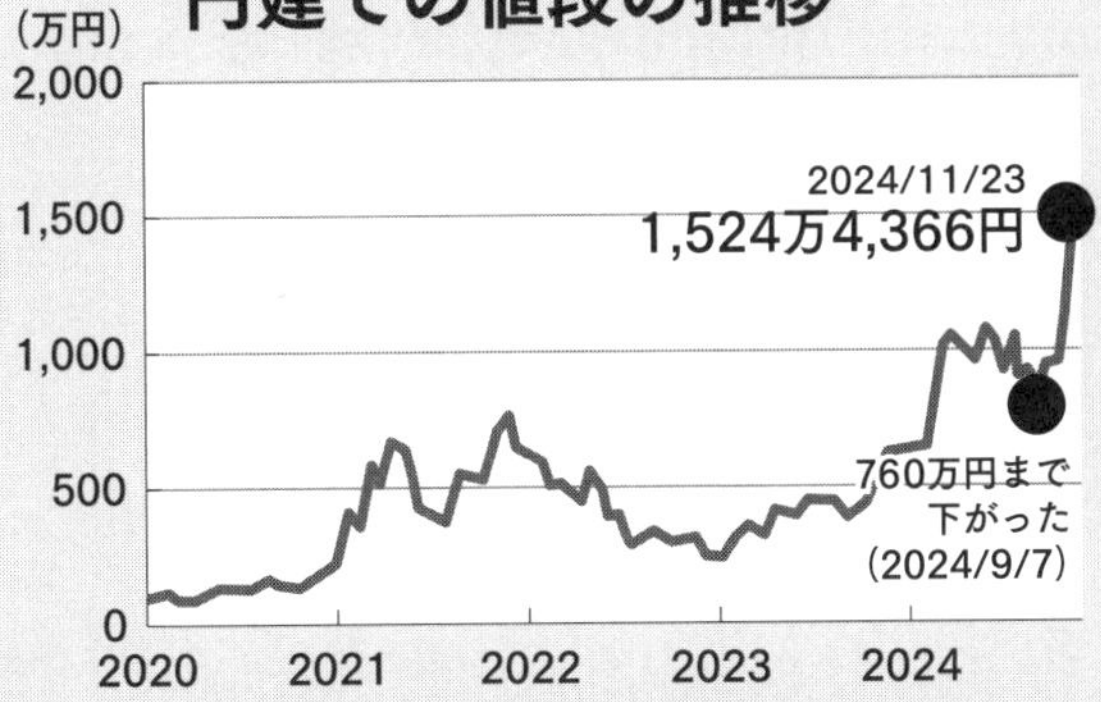

ビットコインETFは資金の流入と流出が激しい

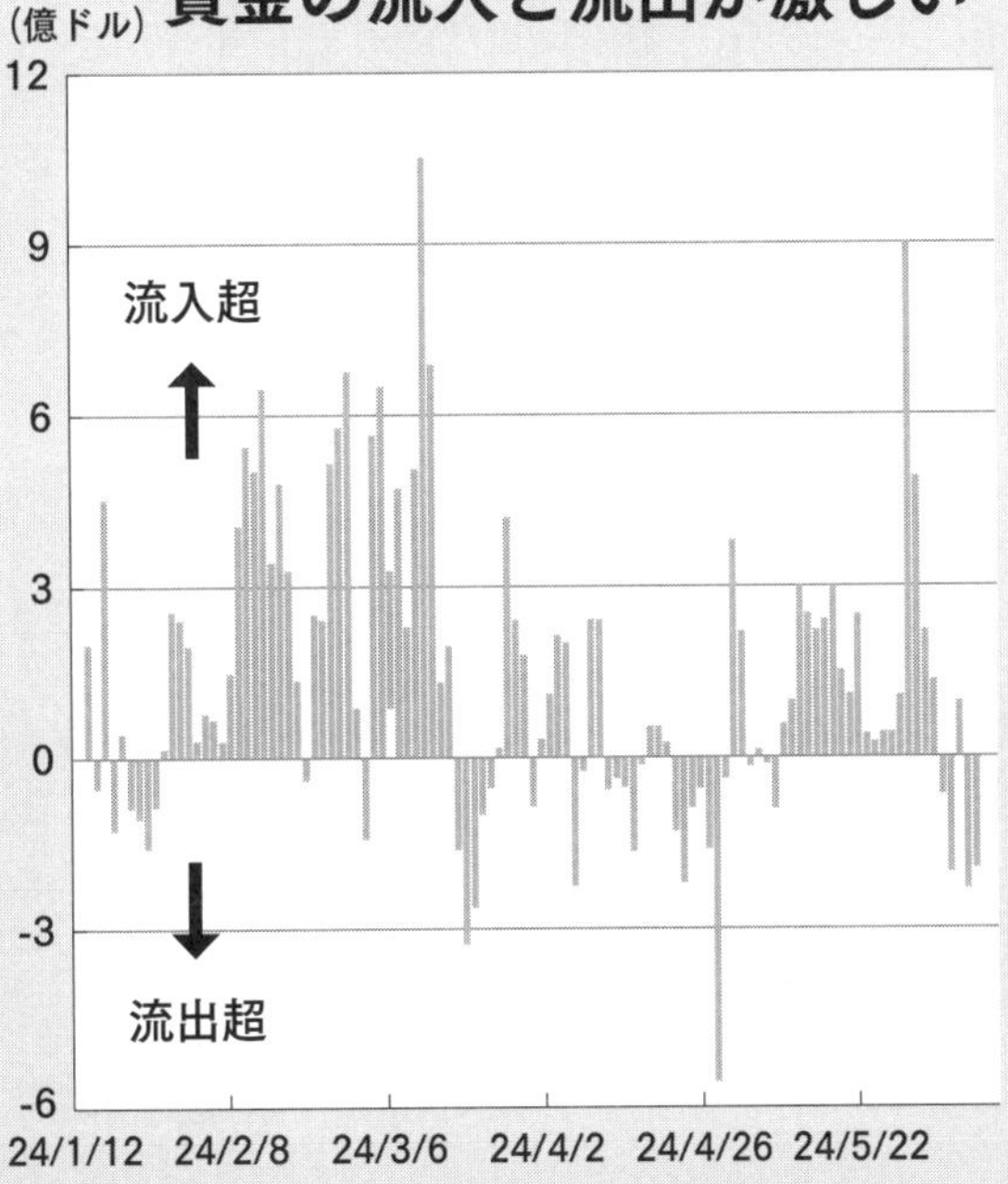

出典　CoinPost

ビットコインを始めとする仮想通貨（暗号通貨《クリプトカレンシー》）は、世界の犯罪者たちが動かす資金だ。SECのゲンスラー前委員長は、「ビットコインは投機的で、非合法活動にも使われている」と言った。それなのに、ETF（上場投資信託）を許可した。しかも新しいSEC委員長のアトキンスは仮想通貨推進派だ。こんなものに手を出してはいけない。やめなさい（副島隆彦）。

ビットコイン（ＢＴＣ）トレーダーたちは、時価総額が最大になった暗号資産（仮想通貨）が、いつ史上最高値を更新するかを議論している。そのためにゴールド（金）の価格チャートを取引画面に表示することを検討すべきだ。２０２０年のデータでは、ゴールドの強気相場が勢いを失うと、ビットコインが新たな高値を更新する（注。ゴールドとビットコインは相関関係にある）。

ビットコイン価格は、４月以来、５万ドルから７万ドルに上昇した。暗号資産特有の要因やマクロ要因がこれまで上昇を抑えていた。それに対してゴールドは同期間に20%以上も急騰し、２７００ドルを超える過去最高値を更新した。ゴールドは今年に入っても、37%上昇した。シルバー（銀）は、10月22日に１オンス35ドル（注。１グラム＝１７０円）に迫り、12年ぶりの高値を記録した。年初来では43%上昇している。

このパターンは、ゴールドがビットコインの上昇を先導した２０２０年に類似する。ゴールドは２０１９年末に１オンス１４５０ドルから上昇し始めた（注。Ｐ29の図表を参照）。各国中央銀行による金融刺激策とＣＯＶＩＤ《コウヴィッド》－19（注。新型コロナウイルス）による経済のロックダウンに先んじて上昇した。そして２０２０年８月には１

オンス2000ドルを超え、過去最高値を更新した。

一方、ビットコインは、2020年からのCOVID-19のせいで急激に下落した。しかしこの時期を除いて、ずっと横ばい状態が続き、史上最高値の2万ドル（300万円）をわずかに下回る水準で推移し、過去最長の調整局面を迎えていた。しかし、2020年後半にゴールドが反落すると、ビットコインは上昇に転じ、2021年3月までに1万ドルから6万ドル超まで急騰した。おそらくローテーションが起こった。それでもビットコインはゴールドの上昇が止まるのを待っていた。

つまり、過去の傾向が当てはまるのであれば、ゴールドの上昇が一時的に止まればビットコインの需要が高まる可能性が高い。とはいえ、歴史が繰り返されるかどうか分からない。ゴールドのほうは上昇トレンドが続き、需要の減速の兆候は見られない。

Bold Reportによると、ゴールドの高騰はゴールド（金）ETF（金《きん》の上場投資信託）への資金流入によってもたらされたものだ。流入は7日間で、100万オンスを超えている。これは、2022年10月以来、7日間におけるETFへの流入量として

そして5,000ドルを目指す

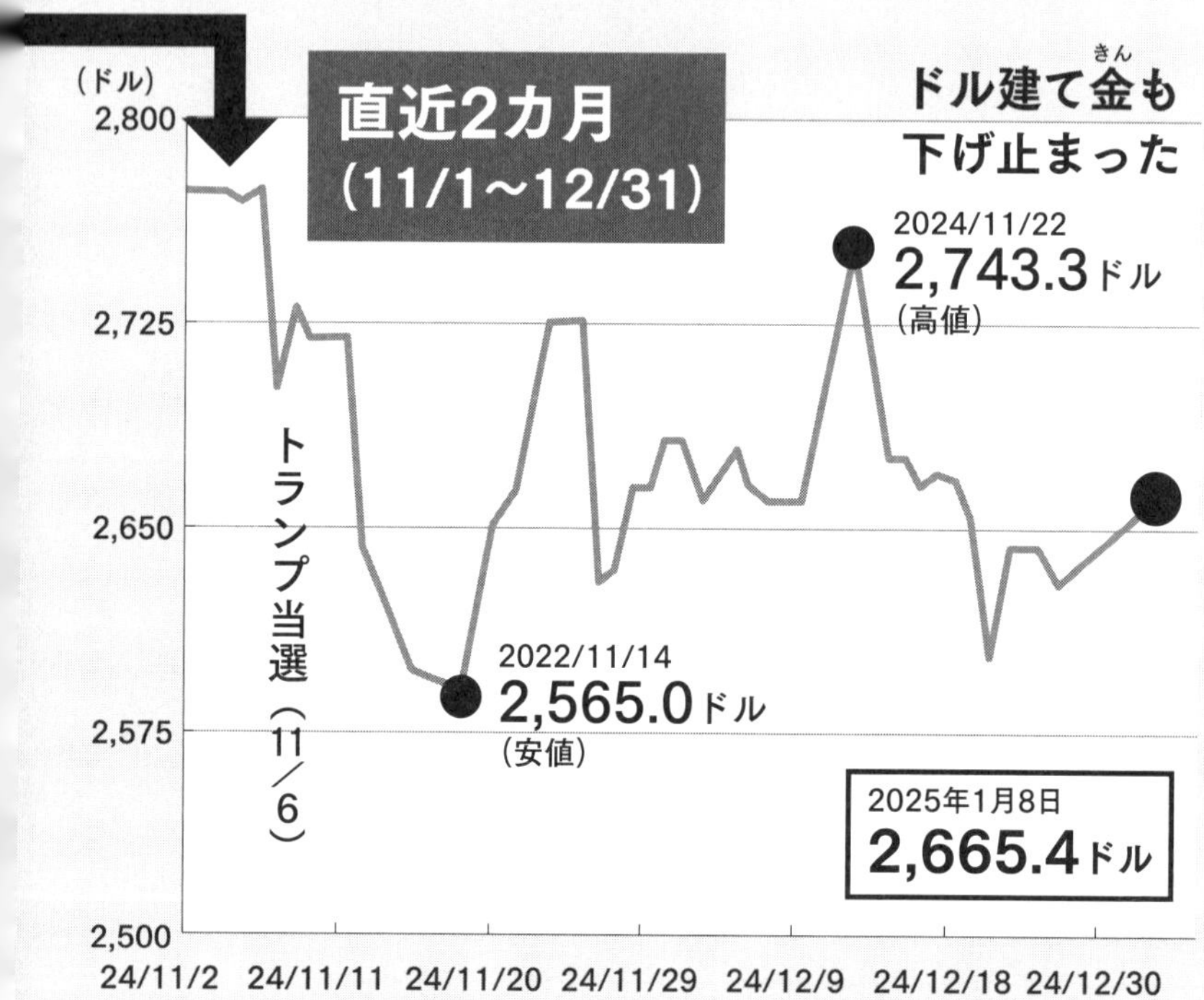

出典　ニューヨーク先物（中心限月）Investing.com

ゴールドマンが先物《さきもの》で金《きん》を売っても踏み上げる。買い浴びせられる。SPDR（スパイダー）金ETFの現物900トン保有はウソ。どう足《あ》掻《が》いてもドル暴落で金は上がる。世界値段だからだ。

国際金《ゴールド》は、もうすぐ3,100ドル/オンスになる。

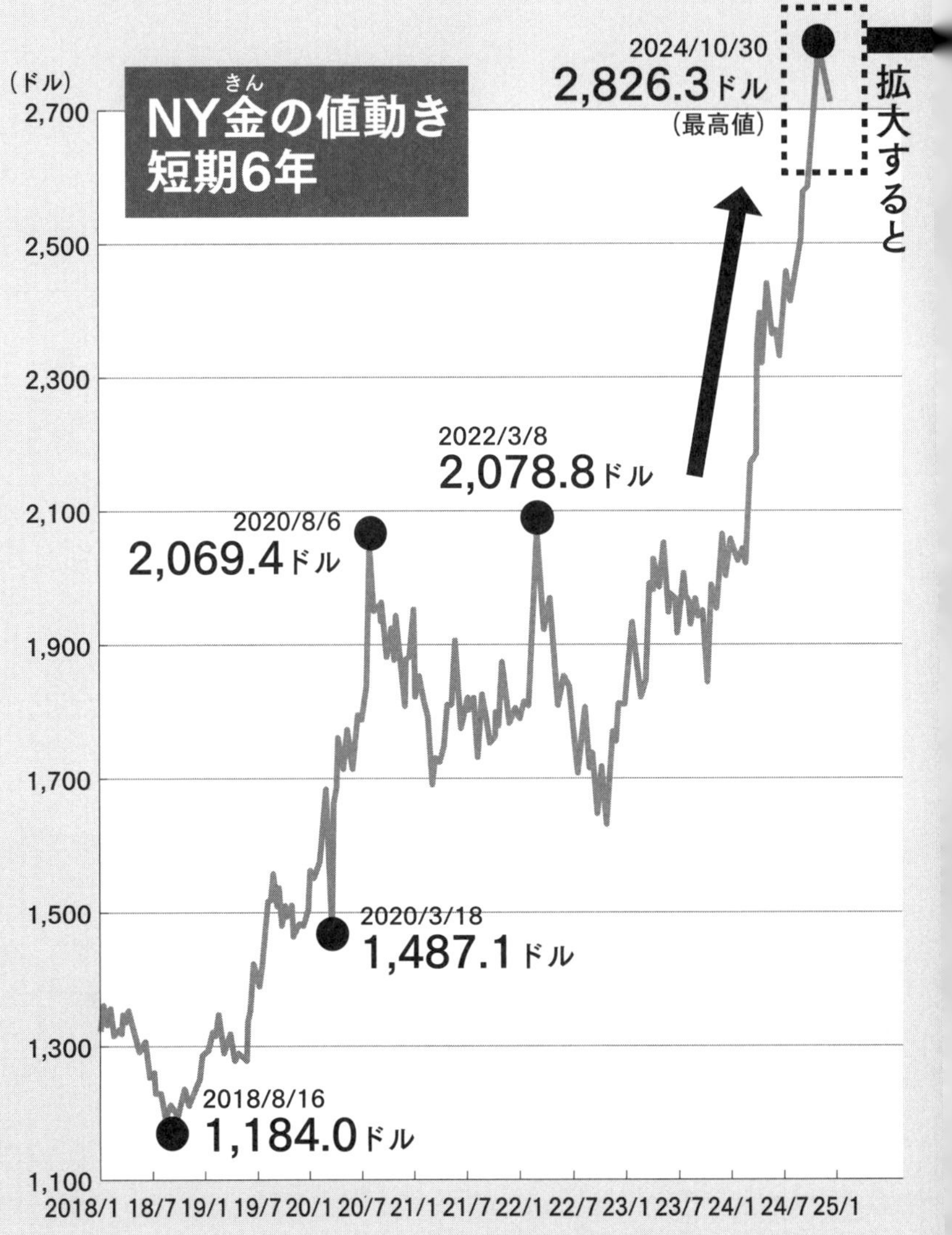

は最高額だ。これらの流入資金のほとんどは、主にアメリカの個人投資家が利用しているゴールドのファンドであるSPDR Gold Shares（注。スパイダー・ゴールド・シェアーズ）で運用されており、７月以来、毎月大量に蓄積されている。

一方、アメリカで上場しているビットコイン現物《げんぶつ》ＥＴＦへの流入も増加している。ファーサイド（Farside）社のデータによると、10月23日にはビットコインＥＴＦ全商品で１億９２４０万ドル（約２８８億円、１ドル＝１５０円換算）の純《じゅん》流入があった。（大手ヘッジファンドの）ブラックロック（BlackRock）のＩＢＩＴ（銘柄）に３億１７５０万ドル（約４７６億円）の大量の流入があり、これまでの純流入総額は２３５億ドル（約３兆５２５０億円）となった。

ゴールド（金）ＥＴＦへの流入急増と同様に、ビットコインＥＴＦへの純流入額（保有額）は、過去7営業日で20億ドル（約３０００億円）に達している。

しかし、流入額のすべてが方向性のある保有ではない。暗号資産インデックスプロバイダー（注。指標《しひょう》取引の出し手）のＣＦベンチマークス（CF Benchmarks）社のＣＥＯであるスイ・チョン（Sui Chung）氏によると、「最近の流入額の60％は方向性のある保有であり、残りの40％はベーシス取引（現物《げんぶつ》ＥＴＦを購入すると同時に先物《さきもの》契約を売却し、価格が収束《しゅうそく》するのを待つ取引。超《ちょう》短期取引）によるもの」だ。トレーダーたちは、米国大統領選が終われば、ビットコインの価格は新たな最高値を更新するだろうと楽観視している。

（英文の原題　Gold Rally Needs to Pause《ポーズ》 for Bitcoin Price to Break All-Time High, Data Suggests）
（CoinDesk Japan　２０２４年10月26日）

この注目すべき記事には、「金の上昇が止まってくれないと、ビットコインの次の上昇が起きない」と書いてある。世界の危険な博奕《ばくち》打ちたちの、不透明きわまりないビットコインの価格変動（ボラティリティ）を、金の動向と連動させている。コインデスクCoinDesk 社は、仮想通貨市場をウォッチする代表的な評価（ヴァリューエイション）会社である。

●私、副島隆彦は「トランプ、この野郎」を発動する

私は、金《きん》の世界値段が、ＥＴＦ《イーティーエフ》化した金という実体、実物《じつぶつ》性のない、言わば「金《きん》証券」で運用されていることを危惧《きぐ》している。その代表選手であるＮＹ《ニューヨーク》の SPDR《スパイダー》 Gold《ゴールド》 Shares《シェアーズ》というＥＴＦで先行的に値決《ねぎ》めされて、投機《とうき》の価格が付いていることを、ずっと不快に思っている。

今のところはまだ、金《きん》（ゴールド）の世界値段は、ＮＹの先物（フューチャー）市場であるＣＯＭＥＸ《コメックス》とＮＹＭＥＸ《ナイメックス》によって価格が決められている。これに対して、ロンドンと上海黄金《シャンハイおうごん》市場（中国）が共同して金の現物での世界価格を決めており、これはＮＹのＣＯＭＥＸに値幅寄《ねはばよ》せ（裁定取引《アービトラージ》）することで安定している。

ところが、どうもＮＹのＣＯＭＥＸ市場での金《きん》の取引量が減っている。その背後にいる親会社の、シカゴのＣＭＥ《シーエムイー》（シカゴ・マーカンタイル・エクスチェインジ）の弱体化も伝えられる。

こんなときに、金ＥＴＦの ＳＰＤＲ《スパイダー》が暴走して、奇妙な値動きをすることがあれば、世界金《きん》の変動が、激しい急落と再《さい》暴騰のようなことになる。私はいつも、このことを心配

している。

　そしてこの動きに、大きく背後からトランプ新政権が関与することになったらどうなるか。トランプとイーロン・マスクは、「これからは仮想通貨を重視する」と公言している。この仮想通貨（クリプト・カレンシー）の力で、世界金《きん》の自然な値動きを封じ込めよう、という企《くわだ》て（たくらみ）が始まったら、世界の通貨体制に大変動が起きる。ドルを守るために。

　しかも、これに「ビットコイン現物ＥＴＦ」市場までも動員されて、現実の世界金の自然な値動き（世界需給《じゅきゅう》）を痛めつける、ということまで考えられる。

　私は、ビットコインを始めとする仮想通貨は、すべて実体、実物性を持たない、ならず者の偽《にせ》コイン（金貨）であると考える。だから、こんな奴《やつ》らを一国の強制通用力を持つ通貨（カレンシー）などにしてはいけない。

　私は、トランプが①財政再建、国家借金返済計画の失敗に至ったとき、米ドルの信用を守るために②通貨戦争《カレンシー・ウォー》になりふり構わず打って出ることを恐れている。世界中の国家の通貨当局（日本は大蔵省×財務省）が現在、心底、心配して危惧しているのも、実はこの問題である。だから専門家は、誰もこのことを口にしない。評論家も、まだ見当たらない。だから私、副島隆彦が、この本を書く。書いて公然と問題（命題《プロポジション》）を提起《プロポーズ》する。

アメリカは①財政再建（膨大な赤字）を封じ込められなかったら、必ず米ドルを守るために②通貨戦争《カレンシー・ウォー》を始める。私はこの恐ろしい予言《プレディクト》をすることで、この本を書いている。だから、あれほどに「トランプ頑張れ。ディープステイト（超富豪家たちの連合体）の支配を打ち破れ」と、この4年間ずっと応援してきた。だが、事《こと》ここに至って、トランプが大統領に返り咲いて正式の権力《パウア》を握ってしまった。だから、この時から、この瞬間から、**トランプ、この野郎**になったのである。

もしトランプが、米ドルとアメリカ帝国の自然な衰退《デクライン》に応じないで、強硬な、凶暴なやり方（無理無理《むりむり》の手法）をするようだったら、私、副島隆彦は、やっぱり「トランプ、この野郎」を発動する。

なぜなら、この世（世界）の大きな真実を逸早《いちはや》く察知して、日本国民に急いで知らせることこそが、私自身の存在意義（raison《レゾン》 d'être《デートル》）だからである。だからこの本は、アメリカ国内のことでは Ⅰ トランプ頑張れ。ワシントン官僚どもを大量に島流しにしろ。だが、外国とのことで、対世界《たい》の問題では（私たちの日本も含む）大きな影響を受けるのでⅡトランプ、この野郎！　になるのである。

●ディープステイトとの戦いは続く。だが……

トランプが当選して3カ月が経《た》った。1月20日の就任式も終わって、トランプ政権「最初の100日間」the first one hundred days（ザ・ファースト・ワン・ハンドレッド・デイズ）のさなかにある。トランプ政権は、この4月末までの100日間で決定的な業績を出さなければ、負けだ。大改革には、電撃作戦（ブリッツクリーク）がどうしても必要だ。

今も裏に隠れているディープステイト（大富豪の連合体）との戦いは続く。だが、彼らは巨大企業の真の所有者たちであるから、簡単にクビは切れない。あるいは、世界中の大都市にある高層ビルのオウナーたちだ。そしてパワー・エリートである医者、弁護士、会計士たちの連合体だ。

それに対して、いくらパワー・エリートの一角であっても、公務員たちのクビはまとめて切れる。ワシントンの各省庁の高級官僚たちだ。合計で4万人いる。目下、トランプ政権は、ものすごい勢いで彼らのクビを切っている。トランプが、どれぐらいワシントンの政府組織を滅多《めった》切《ぎ》りにして人員削減しているかは、新聞が毎日報道しているとおりである。

それでも、この本は金融・経済の本であるから、アメリカ政治のあれこれの問題を中心に書くわけにはいかない。あくまでトランプ政権が、①巨額の借金（累積《るいせき》の財政赤字）をどう処理し、②自分の通貨であるドルを、その世界的信用をどのように守るかを追跡して書かなければいけない。

このことでは、あとの第3章で「デジタル米ドル」と呼ばれるべき仮想通貨（クリプト・カレンシー、暗号通貨）の導入について説明する。この仮想通貨によって、これまでのドル紙幣の膨大な刷り散らしの現実を目くらましして、さらに新たな米ドルであるデジタルマネーの通用、流通を増やすことで、アメリカ政府の破産（財政破綻《はたん》）を先延ばしにしながら「アメリカは大丈夫」というふりをトランプはし続ける。

このデジタル米ドルの片割れと言うか、表と裏の関係にあるのが、新しい奇妙なアメリカの国家借金証書の発行である。これは前述したとおり、ドイツで1933年からナチス・ドイツ政権が始めたシャハト・ヴェクセル（証券、債券）と似たようなものだ。トランプ政権は、これをまるで手品のように発行するだろう。世界中が見ている前でインチキを堂々とやってみせる。それに鋭く気づくか否《いな》かが、私たち外国にいる者たちの正念場である。

それは、財務長官のスコット・ベッセントではなく、どうもSEC《エスイーシー》（米証券取引委員会）の委員長になるポール・アトキンスがやるようだ。あとで新聞記事を示す。このアメリカ版の新しい借金証書による、手品のような新たな財政資金の獲得についても、第2章で書く。

●先物《さきもの》市場が終わる

ここからが大事だ。やはり金《きん》のことを書かなければいけない。私の本の読者は、自分の財産の現状とこれからに関わるので、このことが非常に気になっている。私はそれを重々《じゅうじゅう》分かっている。

金の価格の動きは、Ｐ29のグラフに載せたとおり、国際値段（ＮＹ先物《ニューヨークさきもの》。ＣＯＭＥＸ《コメックス》価格）で**1オンス＝2800ドル**まで行った（2024年10月30日）。これを反映して、日本国内でも小売り値段で**1グラム＝1万5000円**まで行った。（田中貴金属。10月31日）。Ｐ5のグラフのとおりである。実に喜ばしいことで、慶賀《けいが》すべきことだ。私たち金の保有者にとって、お祝いだ。

この本を書いている2024年12月末現在で、金《きん》の国際値段（ＮＹ先物）は、1オンス（31・1グラム）＝2650ドル前後である。日本の小売りで1グラム＝1万4600円である。

トランプが当選して（11月6日）、金《きん》の価格は下がる、と私は初め思った。実際に、11月14日に1オンス＝2565ドルまで下落した。だが、その後、トランプ自身と政権移行チームの新閣僚たちの発言とかが表《おもて》に出ると、金価格は少しだけ上下した。そしてＰ29のグラフにあるとおり、直近2カ月の金の値段は横ばい状態である。ミミズが横に這《は》ったように、2650ドル前後でズルズルと動かない。下にガタンと落ちることもない。上に上がって、2700ドルを突破して越してゆくこともない。不思議な感じである。

NY先物《さきもの》市場が崩壊する。親会社のCME（シカゴ・マーカンタイル取引所）がもうすぐ終わる

CMEのビットコイン先物建玉と取引量（月間の平均値）

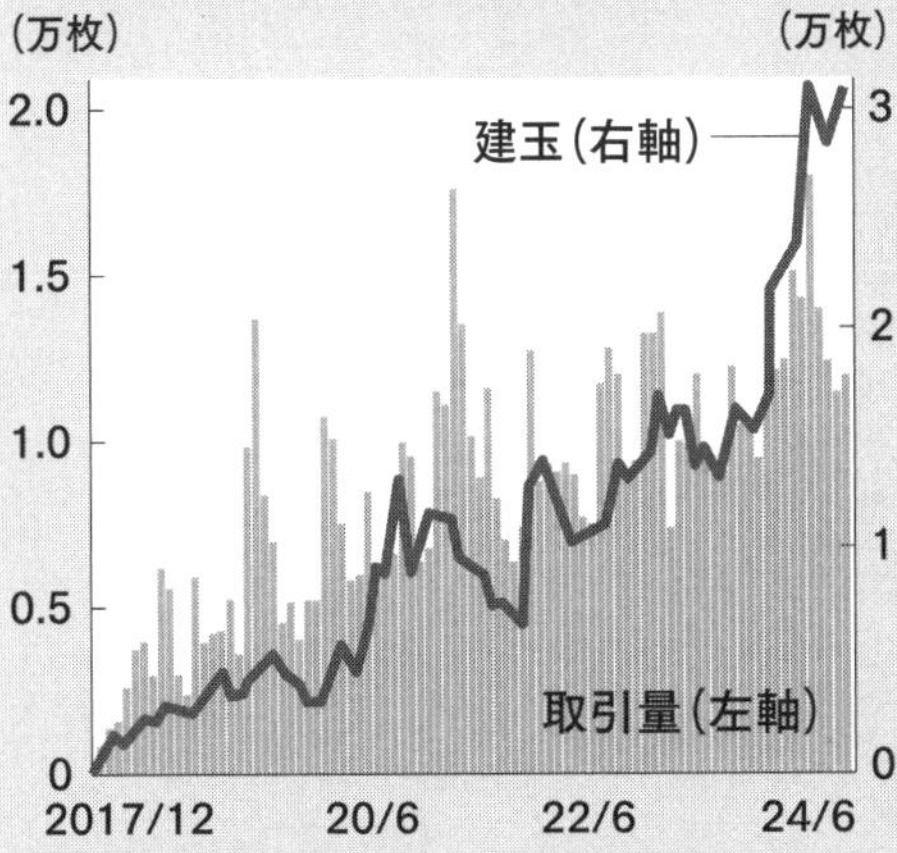

出典　CMEグループ

写真　Getty Imags

CME名誉会長レオ・メラメッド（92歳）がもうすぐ死ぬ

CMEは、2017年12月からビットコイン先物も取り扱うようになった。建玉《たてぎょく》（未決済残高）の規模では仮想通貨交換最大手のバイナンスを上回る。

（日本経済新聞　2024年6月24日）

これはトランプ政権にとって、まさしく「金《きん》とドルの闘い」であるから、本心では「米ドルの信用を守るために、どうしても金価格を叩きのめしたい」と思っている。ところが、それがなかなかできない。市場の実勢《じっせい》というものがある。自然な値段の推移というものがある。それに無理やり手を加える（政府の意思であっても）ことを、商売人《ビジネスマン》であるトランプは、露骨にはできない。

なぜなら何度でも書くが、金は世界値段だからである。世界中の貧乏な国の中央銀行たちまでが、競《きそ》うようにして、今も現物《げんぶつ》の金を買っている。アメリカ一国の、国内のNYやシカゴにある鉱物資源の金融市場だけで金の価格を決めることはもうできない。

先物《さきもの》市場の大親分であるレオ・メラメッド（Leo Melamed 92歳。P39の写真）がもうすぐ死ぬ。彼が、シカゴ・マーカンタイル取引所（Chicago Mercantile Exchange　C《シー》M《エム》E《イー》）の実質、創立者であり総帥《そうすい》（名誉会長）であるが、今年か来年までには死ぬだろう。そのとき、シカゴの先物市場も崩壊するのである。

そして、このCMEのNY《ニューヨーク》における子会社扱い（資本関係で）になっている、COMEX（ニューヨーク商品取引所）とNYMEX《ナイメックス》（ニューヨーク・マーカンタイル取引所）という鉱物資源やエネルギー（原油と天然ガスその他）の先物《さきもの》市場も、同じように、これまでのような価格支配権を失う。どこかの時点で、世界の金融の中心《センター》がＮＹの金融市場から外国へ移る。

それは取扱量の大きさから分かる。金《きん》に関しては、すでに上海《シャンハイ》黄金市場が中心になっている。ここはロンドンのＬＭＥ《エルエムイー》（ロンドン金属取引所　London Metal Exchange ）と連結していて、直物《じきもの》の値段を決めている市場である。日本では、このロンドンと上海が作っている直物（現物）の貴金属の市場値段は、ほとんど、いやまったく表示されない。なぜなら、世界の金融の中心はあくまでＮＹである、という強固な人騙《ひとだま》しが続いているからだ。

●ＦＲＢも解体される

米ドルの信用の下落と衰退が、如実に、明らかに始まるのにはもう少しかかる。なぜならトランプが政治権力を握ったので、ＮＹの金融市場まで、自分に忠誠を誓う者たちを使って米国債とドルの信用をなんとか維持するからだ。トランプが任命した閣僚（長官）たちの多くは実業家か金融市場で長く相場を張ってきたプロウたちである。

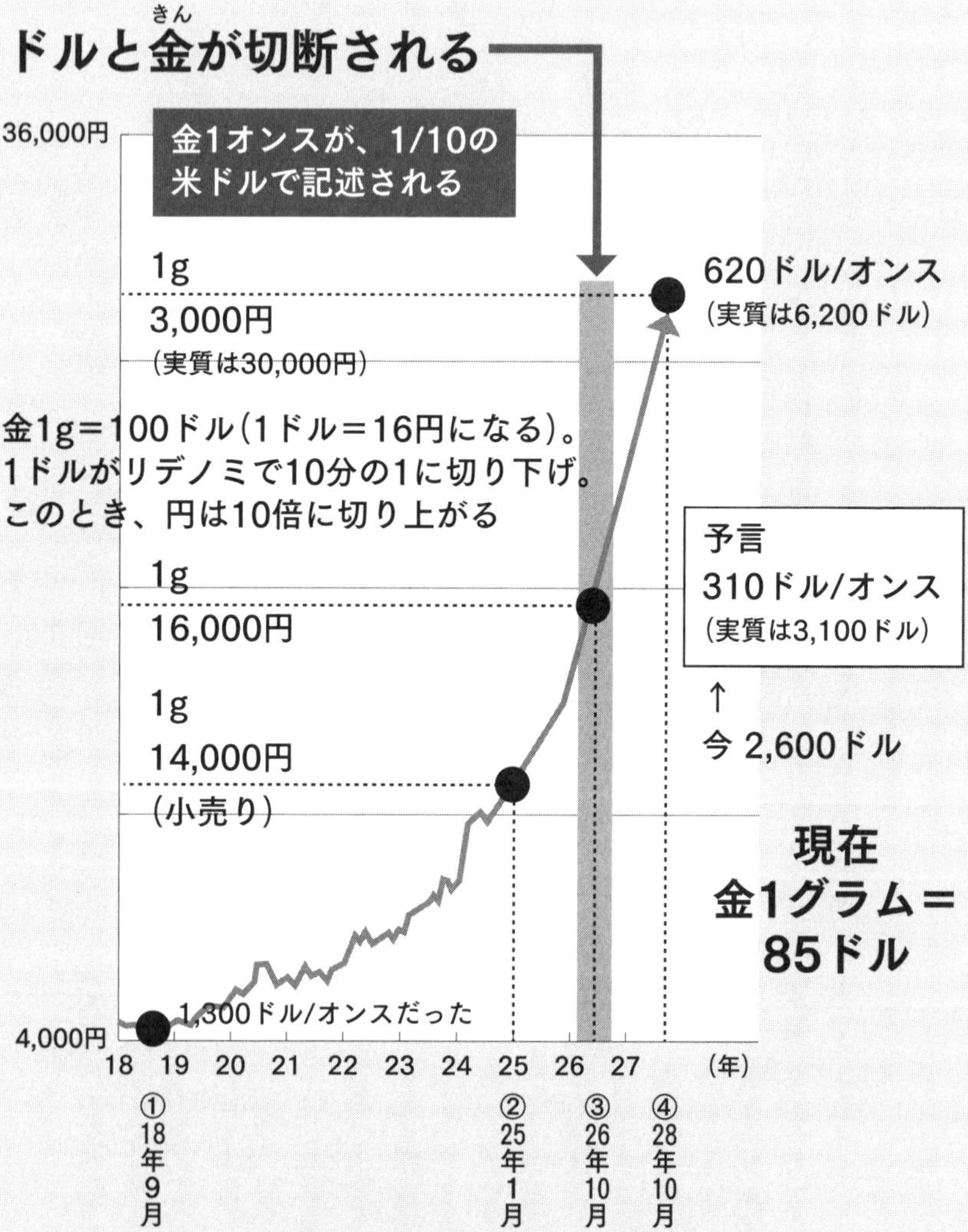
ドルと金《きん》が切断される
金1オンスが、1/10の米ドルで記述される
36,000円
1g
3,000円
(実質は30,000円)
620ドル/オンス
(実質は6,200ドル)
金1g＝100ドル(1ドル＝16円になる)。1ドルがリデノミで10分の1に切り下げ。このとき、円は10倍に切り上がる
1g
16,000円
予言
310ドル/オンス
(実質は3,100ドル)
↑
今 2,600ドル
1g
14,000円
(小売り)
現在
金1グラム＝85ドル
1,300ドル/オンスだった
4,000円
18
19
20
21
22
23
24
25
26
27
(年)
①18年9月
②25年1月
③26年10月
④28年10月

金とドルの切断の理論
「金・ドル体制」の終わり

❹2028年 10月	予言	このとき、為替は1ドル＝16円だ 3,000円/g＝620ドル/オンス （実質 金1g＝30,000円）
金1g＝200ドルでドルと金の切断が起きる		
❸2026年 10月		16,000円/g＝310ドル/オンス （実質3,100ドル）
❷2025年 10月	現在	14,000円/g＝2,600ドル/オンス
❶2018年 10月		4,000円/g＝1,300ドル/オンス だった

今のドルに代わって、BRICS通貨が次の世界基軸通貨になるのは、もう少し先に延びた。

トランプ政権の金融・経済分野の長官たちの顔ぶれは、まさしく実際のトレーダー上がりであり、ヘッジファンドで実際に利益を出してきた者たちである。だから恐るべき人間たちなのだ。ただの木っ端《こっぱ》役人、上品に威張り腐った官僚（ビューロクラット）たちではない。官僚（お役人さま）は、レッドテイプ（腕回りの袖の、赤い筋入り腕章）とも言って、ヨーロッパで500年前から嫌われてきた。市場（マーケット）は人間の欲望が互いに生《なま》でぶつかり合う、お金をめぐる駆け引きの場、鉄火場だ。このことを腹の底から知っている者たちが、トランプ政権の主要閣僚になっている。スコット・ベッセント（財務長官）やポール・アトキンス（SEC委員長）である。

だから前述したとおり、首都ワシントンで長年トグロを巻いて、仕事もしないで威張ってきた融通《ゆうずう》の利《き》かないバカ官僚たちを、全部放り投げて、クビを切って追放すればいいのだ。実際、アラスカ（州）送りにするだろう。それよりは本当に相場（生《なま》の市場）を知っているバクチ打ちたちに、金融政策をやらせるということだ。

だから、もうアメリカの中央銀行であるFRBの機能なんか吹っ飛びつつある。これまでのような政策金利（FFレート）の上げ下げで、みんながワーワー騒いで、共同幻想で一喜一憂するようなドラマも終わる。

だからFRBの解体・消滅も、日程に上《のぼ》っている。FRB自体が「もう要《い》らなーい」（日本の女子の口癖《くちぐせ》）なのである。FRBをとりあえず棚上《たなあ》げにして、実質的な金融政策（マネタリー・ポリシー）の権限を奪取する。そして本物の、手練《てだ》れの生《なま》の市場を知っている相場師たちが閣僚になった。そしてなんとかかんとか、米ドルと米国債の信用を必死で維持しようとする。だが、それもトランプ政権が続くこれからの4年間だけでの話である。

トランプがどんなに躍起《やっき》になって、米ドルと金融市場の信用を維持しようとしても、アメリカの衰退《デクライン》は止められない。世界の中心は、もうワシントンとNYに有《あ》るのではない。徐々にユーラシア大陸のほうに移動する。ユーラシアとは、まさしくヨーロッパ（ユーロ）とアジアからなる、ユーロアジア世界である。

●小売りで1グラム＝1万3000円を割ったら買いなさい

金《きん》の話に戻る。金はこのあと一本調子で上がっていくことはない。ゴールドマン・サックスでさえ、「１オンス＝３０００ドルになる」という予測を、トランプ当選の直前に出していた（P62に記事）。今は、金は２６００ドル台で推移している。だから、なかなか３０００ドルの大台には乗らないだろう。それよりは、**２６００ドル台を割ったときに、新たに金を買う**という動きに出るべきだ。もしかしたら、２５００ドル台さえ割る動きがあるだろう。だから本書の書名（タイトル）にしたように「金は下がったら買う」のとおりなのだ。そしてこのあと、じっくりと３０００ドルを目指して上がっていくのを待つ。

これを日本の国内の金《きん》価格で言うと、小売りなら**１グラム＝１万３０００円を割ったときが新たな買いどき**である。今現在は１万４０００円ぐらいで動いている。これを卸《おろし》の値段で言うと、P20のグラフにあるとおり、１グラム＝１万２８００円ぐらいである。これに１４００円を消費税（10％）と手数料分として足すと、前述したとおり１グラム＝１万４０００円台になるのだ。

金《きん》が急に買えなくなるということは、まだあと数年はない。トランプ政権も、市場の実勢を無視しためちゃくちゃなことはしない。トランプはあくまで商売人《ビジネスマン》である。すなわち企業経営者の苦しみというものを腹の底から知り抜いて、20代、30代、40代、50代を生きた。トランプのことを、ただの政治権力者と見てはいけない。泥だらけの企業経営者だ。都市型のデヴェロッパーで、「トランプタワー」という高層の商業ビルを世界中に50棟《とう》も建てた男だ。だから、トランプを甘く見てはいけない。

故《ゆえ》に「金《きん》とドルの闘い」で、金がトランプたちの悪知恵で一時期、抑え込まれて、ドルに負けるということが起きる。そのとき、金がガクンと下がる。だから金が値下がりした、そのときに買い増しなさい。やがてまた金が盛り上がって、値段がガンガン上がるときが来る。そのときまでじっと待つべきである。

私は金の値段については、1グラム＝3万円を目標にする、と、これまでの本（『金融恐慌が始まるので　金《きん》は3倍になる』２０２３年12月、祥伝社刊）で書いてきた。今、1グラム＝1万５０００円まで行った（２０２４年10月31日）。P５のグラフに載せたとおりだ。

そしてP42〜P43の表とグラフをじっくり見てください。このグラフに書いたとおりの、目標の金《きん》価格の上昇を予測し、予想の表にした。この予測（予言）に従って動くことを私は目指している。だから、この「金とドルの切断の理論」「『金・ドル体制』の終わり」の表は重要である。何度でも何十度でも見て、読んで、自分の脳で確認してください。

トランプの勝利によって、この先の金《きん》は少しだけ抑え込まれるだろう。だがそれもある時期までのことである。何度でも書くが、金の値段は世界価格である。世界中の各国の金持ちたちが、貧乏国の金持ちを含めて、まだまだどんどん金を買っている。

だからNYで、金を先物で売り崩すことを続けられない。ゴールドマン・サックス社が政府とFRBの意向を受けて、NYのスパイダー・ゴールド・シェアーズを使って、金《きん》E《イー》T《ティー》F《エフ》で金の先物の値段を、レバレッジ（投資倍率）500倍とかを掛けて売り崩して、叩きのめすという手口をいつまでもできるわけではない。そろそろNY金融市場のインチキなやり方がばれている。

トランプ政権も何喰《なにく》わぬ顔をして、この金の抑え込み（金価格の統制）をやり続けるだろう。すべてはドルを守るためである。だが、その限界が徐々に露出《ろしゅつ》する。

●金価格の高騰は、人類の喜びの象徴である

金《きん》の値動きを再度、確認する。P5のグラフにあるように、日本国内の金の小売り値段

は、2024年10月31日に1グラム＝1万5162円の最高値を付けた（卸《おろし》では1万3819円。P21のグラフ）。ついに1グラム＝1万5000円を越したのである。パンパカパーンのお祭りの値段だ。やった、やった、やったと、皆でバカみたいに喜んでいい。しかし「儲《もう》かった、儲かった」と騒ぐのは端下《はした》ないので、みんなやらない。ひとりでじっと「ああ、金が上がって、私の財産が増えたーっ。よかった」と喜ぶだけだ。

ところで皆さん、「儲かる」という漢字は「信じる者」と書く。不思議な感じがしませんか。副島隆彦が「金を買いなさい。必ず上がるから」と本に書いて、それを信じた皆さんの勝利である。「信じる者は救われる」とまで私が書くと、私がいかがわしい新興宗教の教祖（グールー）になってしまう。だからそこまでは言い（書き）ません。でもまあ、私を信じて、そして金を買って儲かったのですから、これは素直に喜ぶべきことです。

日本で金が1万5000円超えの最高値を付けた、その前の日（10月30日）には、ニューヨーク先物《さきもの》（中心限月《げんげつ》）が、1オンス＝2801・7ドルを付けた。そしてその日は、田中貴金属の店頭小売価格は1グラム＝1万5104円で、3日続けて最高値を記録していた。以下の日本経済新聞の記事にある。

「金に長期資金、ＥＴＦ２年半ぶり流入超過　中国需要には陰り」

歴史的高値が続く金（ゴールド）への投資需要が膨《ふく》らんでいる。

国際調査機関のワールド・ゴールド・カウンシル（ＷＧＣ）は10月30日、７～９月の世界の金需給統計を発表した。米金融政策や地政学《ちせいがく》リスクを背景に、上場投資信託（ＥＴＦ）が２年半ぶりに流入超過となった。投資需要全体も前年同期に比べ２・３倍に拡大した。

ＷＧＣによると、７～９月の投資需要が３６４・１トンと前年同期比２・３倍に膨《ふく》らんだ。ロンドンの金現物《げんぶつ》価格の期間平均は同５４５・８ドル（28％）高の１トロイオンス＝２４７４・３ドルと過去最高だった。歴史的高値が続く中で、相場をけん引するのは長期マネーの流入だ。

現物の金を裏付けとする（引用者注。本当の金を裏付けとしていない）ＥＴＦ向けの需要は、７～９月に94・６トン（約75・３億ドル）の流入超過と、２０２２年１～３月以来で２年半ぶりに流入に転じた。月次で見ると、金ＥＴＦは９月に５カ月連続で流入超過となり、従来の高値をけん引してきた長期マネーの回帰（注。再度の流入）が見られる。北米の買いがけん引しており、個別銘柄では「ＳＰＤＲ《スパイダー》ゴールド・ミニシェアーズ・トラスト」の９月末時点の残高が１０７・７トンと前年同期に比べ12％増えた。

長期マネー流入を支える要因の一つが、米金融政策の転換だ。米連邦準備理事会（ＦＲＢ）は9月に、４年半ぶりに利下げ転換を実施した。（このため）金利の付かない金の保有妙味が高まっている。中東情勢やロシアのウクライナ侵略を巡る懸念も、価値が下がりにくい実物資産である金への資金流入を後押しする。

もっとも、歴史的高値が続く中で買い控《びか》えの様子も見受けられた。投資需要に含まれる地金《じがね》（インゴット）・コイン向けは、９％減の２６９・４トンだった。宝飾品需要も４５８・６トンと12％減った。

減少が目立ったのは中国だ。地金・コイン・宝飾品向けを合算した（中国の金の）消費者需要は１６４・７トンと30％減少した。価格上昇が著《いちじる》しい中、金額ベースで見ても１３１億ドルと10％減少した。他にも、ドイツやＵＡＥといった欧州・中東諸国で相次ぎ需要が減少した。中国に並ぶ（金の）主要消費国のインドは、対照的に輸入関税引き下げを背景に消費者需要が２４８・３トンと18％増えた。

（各国の）中銀の買いも大きくは増えなかった。各国中銀や国際通貨基金（ＩＭＦ）などの純《じゅん》購入量（購入量から売却量を引いた値）は49％減の１８６・２トンだった。23年に最も買っていた中国人民銀行は９月、５カ月連続で金の購入を見送っている。ただ１〜９月累計の中銀の買いは６９３・５トンと、年間の購入量で初めて１００0トンを上回った22年（６９９・８トン）に迫る高水準だ。（政府の）外貨準備（フォーリン・リザーブ）の金比率を20％に拡大することを（公然と）目指すポーランドが７〜９月、各国最多の42トンを買った。

金はプリント基板や歯科用など産業用にも使われる。人工知能（ＡＩ）需要の拡大を受けて、７〜９月のテクノロジー需要は83トンと前年同期比７％増えた。総需要は１１７６・５トンとほぼ横ばい。カナダやロシアでの増産やリサイクル拡大を背景に、総供給は５％増の１３１３トンと少し増えた。この差額の１３６・５トンは富裕層や機関投資家らの相対《あいたい》取引によるものだ。

足元の相場は、国際指標となるニューヨーク先物（中心限月）が、10月30日に一時１トロイオンス＝２８０１・７ドルと初めて２８００ドルを上回った（注。P29のグラフ参照）。国内でも、地金商《じがねしょう》で最大手の田中貴金属工業が、10月30日に発表した金小売価格が、前日比173円（1・2％）高い1グラム1万5104円と3日連続で最高値を付けた。高値の影響で一時的に落ち込んでいる中銀や中国の現物需要が、再び拡大するかが（今後の）焦点となる。

（日本経済新聞　2024年10月30日　振り仮名は引用者）

この記事のとおり、現物の金《きん》を買う動きは世界中でまだまだ強い。やはり昨年10月30日の、世界値段で史上最高値の1オンス＝2800ドル超え、同日田中貴金属での小売り1グラム＝1万5000円超えの新記録が、何と言っても大きい。しかもこの動きと合わせるように、日本政治では、その3日前の10月27日に、石破茂《いしばしげる》政権が誕生したのである。そして7日後の11月6日には、米大統領選挙でドナルド・トランプが大勝利を果たしたのである。金《きん》の高騰は、人類の喜びの象徴である。

●世界に金の「地上在庫」はどれだけあるのか

前掲の記事に、「中国の（金《きん》購入の）減少が目立った」とある。「中国の金の消費者需要は（前年比）164トンと30％減少した。金額ベースでも131億ドルと10％減少した」とある。だが、これは記事にもあるとおり、「金の価格上昇が（あまりに）著《いちじる》しい」ために、金の急上昇が金の購入を買い控《びか》えさせたのだ。

ところがインドは伸び続けている。「輸入関税の引き下げのため、金の消費者需要が248トンと18％増えた」とある。金に対する世界中からの羨望《せんぼう》すなわち購入意欲は、依然として強い。

2024年の5月から11月にかけて、中国人民銀行（中国の中央銀行）が金を買い控えていたのは事実のようだ。別のロイターの記事が以下のように書いている。

「中国人民銀行、8月も金購入を見送り　4カ月連続」

中国人民銀行（中央銀行）が8月に金の購入を見送った。このことが9月7日発表の公式データで分かった。購入見送りは4カ月連続。

中国の8月末の金保有量は7280万トロイオンス（副島隆彦割り込み注記。中国人民銀行の、真実の金の保有高はこんなものではない。本当はこの10倍の2万トン「7億オンス」を持っている）である。ドル建てでは7月末の1766億ドルから1

中国の金準備(保有量)と米国債保有額

(表向きだけ。本当はどちらもこの10倍ある)

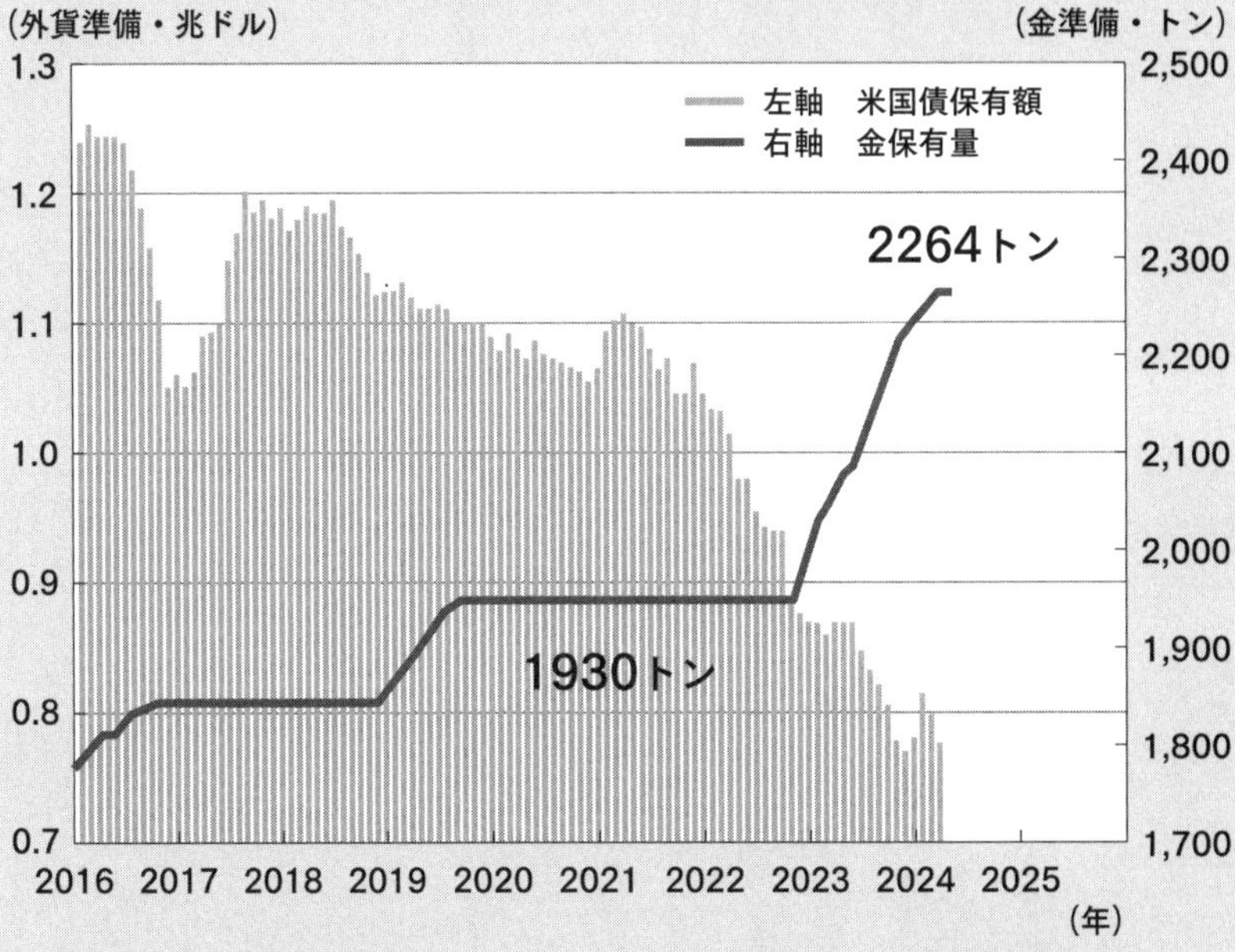

出典　豊トラスティ証券

中国は米国債を売って、金を買い進めている

▶中国の金の保有量

7,280万(オンス)×31.1(グラム)=226万4,080(キログラム)≒2,264(トン)

▶中国の金の保有高(価格)

1,829億8,000万(ドル)×153(円)=27兆9,959億(円)≒28兆(円)

▶日本(日銀)の金の保有量

799(トン)≒800(トン)

金1グラム=14,000円で計算すると、800(トン)×14,000(円)≒11.2兆(円)

○中国は日本の2.8倍の金を持っている

2,264トン(中国):800トン(日本)≒2.8

829億ドルに増加した。
金価格は今年21％上昇。人民銀行は購入を停止する前は18カ月連続で金を購入していた。

（ロイター　2024年9月7日）

この記事にある「中国の金《きん》保有量は7280万（トロイ）オンス」をキログラムに直すと、1オンス＝31・1グラムだから2264トンだ。たったのこんな量ではない。本当の真実は、私が記事に注記したように、この10倍の2万トンぐらいを中国政府（中国人民銀行）は持っている。

世界中の金《きん》の地上在庫《ちじょうざいこ》は、真実は60万トンぐらいだ。そのうち政府部門（各国の中央銀行）の持ち高が10万トンだ。このうちの2割（20％）の2万トンを中国政府が持っている。

3年前まで、中国政府の金保有は、ずーっと1930トンとされてきた。バカのWGC（ワールド・ゴールド・カウンシル）に、20年以上前に報告していた数字だ。中国とロシアは、WGCをまったく相手にしていない。このWGCが金（ゴールド）についての公正

なんと中国人が日本で金《きん》(ゴールド)を大量に買っている

秋葉原に中国の宝飾品ブランド大手の「周大福」の店舗がオープンした(上は店内)

	購入率	購入者ひとりあたり
菓子類	71.9%	11,622円
化粧品・香水	55.0%	39,030円
衣類	41.8%	47,428円
宝石・貴金属	3.7%	202,733円

出典　Japan ticketの訪日集客コラム(2024年8月9日)

経済不安のなか、中国が金を買っている。それにより、金価格は記録的な高値に達した。ワールド・ゴールド・カウンシルの発表によると、昨年、中国のゴールド・ジュエリー需要は2022年に比べて10%増加の630トンを記録した。今年の第1四半期の中国におけるゴールド・ジュエリーの需要は金価格の高騰を受けて弱まったが、依然として堅調だとも発表している。

出典　マネーインサイダー(2024年6月10日)

な国際機関だ、と認めていない。ウソ八百のインチキ団体だ。日本国でも、その出先がどこに有るのかも分からない。ナンチャッテ国際機関だ。

この中国の保有高の１８２９億ドルを、このときの為替相場（１ドル＝１５２円）で計算すると、ほぼ28兆円だ。本当はこの10倍だ。それに対して日本政府は、WGCで公表されている分で８００トンだから、これに金１グラム＝１万４０００円（小売り価格）を掛けると、11・２兆円だ（P55の表を参照）。中国は、WGCでは（笑）この２・８倍の金を持っているとされる。それが上記の２２６４トンだ。

そして中国は、再び金を購入し始めた。同じロイターの続報を載せる。

「中国人民銀の金準備、11月は7カ月ぶりに購入再開」

中国人民銀行（中央銀行）が12月７日に発表した公式統計によると、人民銀の11月末時点の金《きん》準備は７２９６万トロイオンスと、前月末時点の７２８０万トロイオンスから増加し、７カ月ぶりの購入再開を示した。

人民銀は２０２３年に公的部門としては世界最大の金の買い手となっていた。ただ、今年5月に購入を一時停止して以来、中国の投資家需要は低迷していた。

保有価格は11月末時点で1934億ドルとなり、10月末時点の1990億ドルから低下した。

11月の金価格は、米大統領選でのトランプ前大統領の勝利を受けて（注。NYの先物市場で）売られ、月間としては5カ月ぶりに下落した。

（ロイター　2024年12月9日）


中国人民銀行は、トランプ当選で弱気になったNYの投機筋《とうき》（金融博奕打ち《ばくち》）が、COMEX《コメックス》の先物市場で金を売ったとき（2024年11月末）に、それらの玉《ぎょく》を安値《やすね》で拾う形で買い上げた。

この動きにつられて、金《きん》ETFのSPDR《スパイダー》で金の売り崩し（金価格の暴落）を狙って仕掛けていた者たちが、踏み上げをくらって買い戻しを迫られた。そのために、金《きん》の値段は1オンス＝2650ドル台を前後する動きが続いている。10月30日に付けた2800ドルに戻ることはないが、2700ドル（11月22日）は、一瞬だが回復した。その後もずっと2600ドル台で、一進一退のにらみ合いが続いている。

い、い、い、世界中が金を買う。だから、いくら「金憎《きんにく》し」でNY勢《ぜい》が金を売り崩そうとしても、金の2650ドルの下値抵抗線《したねていこうせん》は強い。

P57の図版で示したとおり、なんと中国人が日本に来て、日本への旅行者として日本で大量に金《きん》を買っている。中国人が日本で金《きん》を、「日本は安い、安い。今のうちだ」と買っているのである。日本全国の金ショップに、中国人が群がっている、と言っても過言ではない。とくに中国語のできるスタッフ（店員）を抱えている店舗では、高級店、中級店、大衆向けに拘《かか》わらず、金の地金《インゴット》を買っている。

一昔前《ひとむかし》とは大違いだ。私が15年前に、中国の大都市や香港で、「中国黄金《おうごん》」（ここが政府系で最大手）や「周大福《しゅうたいふく》」（香港発祥。民間で最大手）や「中国商工銀行《しょうこう》」の刻銘《こくめい》が入った100グラムの純金の板《いた》（バー）を買った頃と逆になっている。資金に余裕のある中国人旅行者たちは、日本で金1グラム＝1万6000円ででも、どんどん買っている。中国で買うよりも安いからだ。

そして金は、これからもどんどん値上がりすると分かっているからだ。日本で両替した現金で買えば、中国国内に売買の記録が残らない、という切実な理由もある。

●私の予言「1グラム＝1万8000円」ですら甘い

P45〜46で前述したが、あのワルの大《だい》金融法人のゴールドマン・サックスでさえ、昨年10月末に1オ（ウ）ンス＝3000ドルを言い出した。その前に私は、自分の金融セミナー（9月29日）用に、今後の金の予想（予言）価格を、計算しやすいように3100ドルとした。この私の大胆な予言ですら、もはや甘いのだ。

私が3100ドル（日本の小売りでは1グラム＝1万8000円になる）と予言したら、周囲は「とてもそんな高値はあり得ない。またいつもの副島の大ホラ吹きだ」と見做《みな》された。私はホラ吹き男爵《だんしゃく》扱いで、私のすぐ身近にいる者たちや出版社の編集長たちからさえも「また言ってるよ」という感じでバカ扱いされていた。本当だ。

それが、どうだ。現実はどうなったんだ。金は1オンス＝2800ドルになった（10月30日）。そして日本国内価格でも、1グラム＝1万5000円（10月31日）になった。再度、P5のグラフで確認してください。

だから金は、もっともっと上がる。なぜなら、米ドルと米国債は、すでに巨大なバブル

（ハイパー・インフレ）であり、発行量の超過が異常な額にまでなっているからだ。だからアメリカで不動産価格の異常な高騰（不動産バブル）と、激しい消費者物価の値上がりが続いている。これらの大きな事実のことを、誰も言わない。新聞記事もない。

「ゴールドマン、25年末の金《きん》価格予想を3000ドルに若干下方修正 強気維持」

米金融大手ゴールドマン・サックスは、金価格について、金融当局や投資家、投機筋からの旺盛な金現物需要に基づく強気見通しを維持した。ただ、2025年末時点の予想は1オンス＝3000ドルとし、従来予想の3080ドルからやや引き下げた。

ゴールドマンは、米国の金融制裁や米国債へのショックへの懸念《けねん》に伴う中央銀行の需要で、金価格が9％押し上げられると予想。さらに、米連邦準備理事会（FRB）の利下げにつれて、金現物《げんぶつ》を裏付けとした欧米の上場投資信託（ETF《イーティーエフ》）の金保有によって価格は7％上昇すると見込んでいる。

ゴールドマンの強気見通しは、特に11月5日の米大統領選挙を前に、投機筋が安全

私は今、美術庭園を造《つく》っている

230体の純白の本物の大理石のギリシア彫刻が、女神たちの命令で、私のもとにやってきた。

私の本を読んで、金で儲かった皆さん。私のこの美術庭園造りに協賛、支援をしてください。見学システムを作ってご案内します。

(メールアドレス)
gze03120@nifty.com

大きいものは2トン、小さいものでも200キロの重量の彫刻を、クレーン車で運び上げ、設置した

な避難先として金に目を向けていることも織り込んでいる。同社は選挙後の投機的ポジションの減少による潜在的な価格下落リスクを認めつつも、貿易摩擦リスクや金融リスクをヘッジするための金のロングポジション（注。金を正攻法で買い持ち《ホールド》すること）の意義を強調した。金現物は10月29日に最高値を記録、年初来で34％以上急騰している。ゴールドマンは、２０２５年の金の平均価格予想を２９７３ドルから２９０６ドルに引き下げた。

（ロイター　２０２４年10月30日）

Ｐ21（国内卸値）とＰ29（国際値段）のグラフに載せたとおりだ。あんな、急激な右肩上がり一方の金融グラフを、私はこれまで見たことがない。なんだか、北アルプス（今は飛彈《ひだ》山脈と言う）の劔岳《つるぎ》とか前穂高《まえほたか》とかの、急峻《きゅうしゅん》な山岳登山のパノラマ映像を見ているような感じだ。

野口コインの実《じつ》店舗（福岡市天神）

まだまだ金を買おう。
野口コインに要請する。東京進出してください。
多くの資産家が「通信販売は少し不安なので、現物を自分で買い（売り）たい」と望んでいる。

メイプルリーフ金貨

ブリタニア金貨

ウィーン金貨ハーモニー

467,197円（税込。2024年12月20日）送料1,000円

2024年12月20日、田中貴金属では
メイプルリーフ、ウィーンハーモニーが
479,347円（税込）送料2,200円

送料込みだと、
野口コインが
13,350円安い

なぜ金貨《ゴールド・コイン》も買うべきなのか

私は、もう25年間も「金《きん》を買いなさい。金を買いなさい。必ず上がるから」と自分の本に書いてきた。自分の人生の3分の1は、〝金買《きんか》え評論家〟をやってきた感じがする。そして私の言うことを信じて、金を買った人々が全国にたくさんいる。それで、金を買ってから5年、10年、15年、20年が経《た》って、そして私の言うことを聞いた人々は、皆、儲かって喜んでくれている。私は人気作家の小説家ではないが、何故《なぜ》かそういう気持ちになっている。

金《きん》はアメリカ大統領選挙（昨年11月5日）があった直後に、少しだけ値下がりした。2800ドルから2565ドルまで下がった。しかし、すぐに下げ止まった。そしてP28のグラフのとおり、ミミズが横に這《は》ったように2650ドル前後で動いている。だから今後も「金は下がったら買う」が鉄則である。

私は、売り時の話はしない。金を売りたい人は、自分の人生の必要と、自分のカン（勘）に従って売りなさい。あるいは自分の身近の人たちに少しずつあげなさい。喜ばれ

中国のパンダコインも買おう

2025年版

▲こっちが表面

直径　32mm
厚さ　2.7mm
重さ　30g

中国人民銀行が発行する純度99.9％の地金型ゴールド・コイン（1オンス）。

表面に刻まれているのは、北京市にある世界遺産の天《てん》壇《だん》祈念殿。ここで明朝や清朝の皇帝が祈禱をした。裏面のパンダは毎年デザインが変わる。

野口コインで1枚440,472円（税込）。同社は2024年4月に、中国金幣集団有限公司　China《チャイナ》 Gold《ゴールド》 Coin《コイン》 Group《グループ》社と正規販売店契約を結んだ。

て感謝されますから。

そしてこれからは、金貨《きんか》（ゴールド・コイン）も買いなさい。

福岡県福岡市に本店がある野口《のぐち》コインで、オンライン（通販）で買うことをお薦《すす》めする。安心、安全である。福岡市には実店舗もある。P65の写真のとおりである。

金貨（ゴールド・コイン）が、これからは日本でも金保有と金投資の主流になってゆくだろう。なぜなら、現在1オンス金貨（31・1グラム）で、1枚42万円もするようになった。ほんの数年前まで、20万円ぐらいで買えたのだ。ということは、あと数年すると倍の80万円になり、100万円を突破するだろう。

こうなると、金貨は延《の》べ板（バー）に比べて1割以上のプレミアム（あるいはディスカウント。割り増し、割り損）が付いていないという事実が、あまり障害にならなくなる。そして金貨は持ち運びができて流通性が高く、その信用も一目瞭然である。だからこれからは、金貨を買ってゆくことが大事だ。

そして野口コインは、最近、中国で最大手の金貨業者（政府系でもある）の中国金幣集団有限公司と正規の代理店契約を結んだ。このパンダコイン（P67の写真）に、これから

銀の小売り価格の推移
（1グラムあたり。直近7年間）

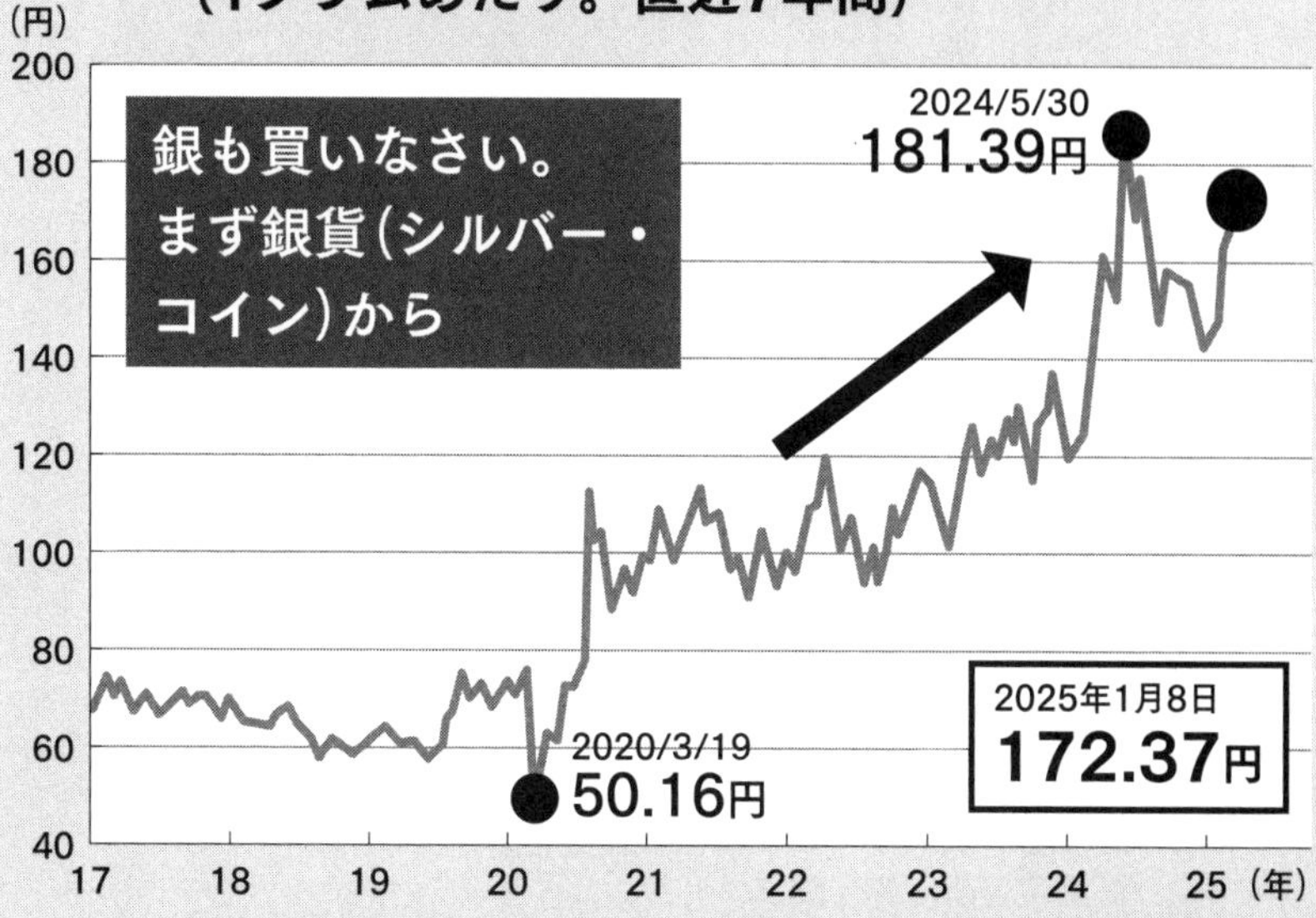

出典　三菱マテリアルの資料から作成

「中国のパンダ銀貨、日本で人気
金高騰で「貧者の金」恩恵」

中国が毎年発行するパンダ銀貨の人気がじわり高まっている。通販で海外の貴金属製品を輸入販売する野口コイン（福岡市）によると、2020年以降にパンダ銀貨の売れ行きが顕著になり、数年で2倍以上に膨らんだという。

当然、パンダ銀貨は恩恵を受けている。野口コインは「地金としての需要に加え、毎年絵柄が変わるのでコレクションや贈答向けで買われることも多い」と説明する。例えば、24年に発行した30グラムのパンダ銀貨の価格は税込み6,217円と、実際の含有量よりも割高な価格で取引されている。

（日本経済新聞　2024年6月14日）

“貧乏人の金《きん》”

パンダ銀貨（30グラム）
野口コインで6,161円
（税込。2024年12月26日）

P67にパンダ金貨の大きな写真を載せた

中国政府が力を入れて、世界中で販売するようである。この動き（トレンド）は世界規模のものである。中国の国力が今以上に高まって、やがてアメリカ合衆国を乗り越えてゆく。このことはもう避けられない。だからパンダ金貨が、それとともに信用をつけてゆく。

●これからは銀（シルバー）も買おう

だから、これからは金貨の他に銀貨（シルバー・コイン）も買おう。銀（シルバー）はこれまで、あまりにも長年ほったらかしにされてきた。金との関係で、ほとんど値上がりがなくて、みじめな感じだった。20年前には、金の50分の1の値段だった。それが2020年までさらに値下がりして、1グラム＝70円のままが続いた（P69のグラフ）。これで銀の価値は、なんと金の80分の1にまで下がった。

ところが、2021年から値動きが始まった。急に1グラム＝100円台に乗せた。そして2024年から急騰を開始して、180円（5月30日）にまで上がった。この値動きは、何かある。世界的に銀《ぎん》への投資の動きが出ている。ただ単に金の上昇に幅寄《はばよ》せして

「かつての50分の1には戻るだろう」で、「１グラム＝２８０円を目指すだろう」では済まない。**銀はこれから10倍になる**。目標額は１グラム＝６００円である。Ｐ69の図版にも入れた新聞記事を載せる。

「中国のパンダ銀貨、日本で人気　金高騰で「貧者の金」恩恵」

中国が毎年発行するパンダ銀貨の人気がじわり高まっている。通販で海外の貴金属製品を輸入販売する野口コイン（福岡市）によると、２０２０年以降にパンダ銀貨の売れ行きが顕著になり、数年で2倍以上に膨らんだという。

日本のパンダ人気は衰えを知らない。「生日快楽（誕生日おめでとう）」。上野動物園から中国に返還された雌のジャイアントパンダ、シャンシャン（香香）が６月12日、７歳の誕生日を迎え、遠く離れた四川省雅安《ヤーアン》市にある保護施設に多くの日本人ファンがつめかけた。

当然、パンダ銀貨は恩恵を受けている。野口コインは「地金としての需要に加え、毎年絵柄が変わるのでコレクションや贈答向けで買われることも多い」と説明する。

例えば、２０２４年に発行した30グラムのパンダ銀貨の価格は税込み６２１７円と、実際の含有量よりも割高な価格で取引されているようだ。

(日本経済新聞　2024年6月14日)

これからは銀貨を買おう。これまで銀は、「貧者の金」poor man's gold《プア マンズ ゴールド》と呼ばれてバカにされていた。しかし、もうこれからは、そうはゆかない。銀はこれから大きく見直されて、大値上《だいねあ》がりするだろう。

なぜなら銀は、ものすごく優《すぐ》れた貴金属(プレシャス・メタル)だからである。金と銀だけは、人類(人間)にとって特別であり、別格なのだ。金と銀だけは、世界中で5000年前から、高価なものとして貨幣(コイン)にされた。金貨と銀貨だけは腐食《ふしょく》しない。サビない。腐らないのである。長年の人間の手の脂《あぶら》で、銅貨(コパー・コイン)や鉄貨(アイアン・コイン)は錆《さ》びて、ボロボロになって崩れた。金貨と銀貨だけは、そういうことがない。人類の歴史の中で、金貨と銀貨だけは崩れて融《と》けて流れるということがなかった。

日本の江戸時代の小判《こばん》は、幕末には8割が銀で金は2割である。「悪貨鋳造《あつかちゆうぞう》」で、どんどん金の割合が減っていった。それでも、なんとか黄金《おうごん》の輝きに似た山吹色《やまぶきいろ》の立派な感じを出した。それを作っていたのが、今の名前だけ残っている東京の銀座と金座（日本橋《にほんばし》本石町《ほんごくちょう》）である。

江戸時代の商人たちの通貨《カレンシー》は、「一分銀《いちぶぎん》」と「二朱銀《にしゅぎん》」という銀貨である。小判は大金であるから、そんなに流通したものではない。だから銀貨が、これからは大繁盛するだろう。アメリカのトランプ政権も、（金は高すぎるので）新しい銀貨の流通を考えている。

●スーパーで金と銀を買う時代

アメリカでも金貨と銀貨が売れ始めている。ついには、大手のメガ・スーパーでも売るようになった。アメリカ国民も、自分の国の大《だい》借金に気づいている。だから、やがてドル紙幣は暴落する、と勘《かん》づいている。だから、金貨と銀貨の購入に走っている。

アメリカでは、大型スーパーマーケットのコス（ト）コで金《きん》が買える。本当は、COSTCOは「コスコ」と呼ぶ。

「金の延べ棒が（全米の）コストコで飛ぶように売れる、金相場は最高値更新でも」

金相場が今年に入って史上最高値を繰り返し更新している。そのさなか、米会員制量販会社コストコ・ホールセールでは、全米の店舗で金《きん》が飛ぶように売れている。

コストコでは「ワンストップ・ショッピング（1カ所で何でも買いそろえられる）」という利便性に加え、従来の貴金属ディーラーよりも安い価格で、かつ最も忠実な（優良な）顧客には、追加の特典を提供することで、金（ゴールド）の購入を身近なものにしている。

「全体として素晴らしい経験だ」と言うのはニュージャージー州に住むアナリティクスエンジニアのスーラブ・セティアさん（33）。「私は以前に購入したことがあるため、金の延《の》べ棒が入荷するたびに、コストコから電話がかかってくる。価格が下がっているのを見ると、コストコに急いで買いにいく」と話した。

セティアさんが両親と9月28日に地元のコストコを訪れた際、その店舗ではインドの祭り「ディワリ」を記念する刻印が付いた1オンス（約31グラム）の金貨を宣伝していた。店員に誘導されて店の中央に行ってみると、そこには金がガラスのショーケースに陳列され、２６９９・99ドル（約40万円）という価格が小さく表示されていた。セティアさんはこの時には購入しなかったが、過去4カ月にこの店舗で２本の延べ棒を購入している。インフレ対策が目的だ。

こうしたセティアさんの例は、金《きん》が最高値を更新しているにもかかわらず（注。買いためらうことなく）、金を量販店で買う消費者が増えているという、より大きなトレンドを反映している。コストコは、金の販売に関してあまり（注。仕入れなどの詳細を）明らかにしない。（だが）ブルームバーグの調査では、金を陳列棚に確保しておくことが、同社にとっていかに難しいかが判明した。全米46州の１０１店舗への電話調査をした結果、金の延べ棒を在庫として置いているコストコ店舗のうち約77％は、10月の第1週に売り切れとなった。調査対象となった店舗は全て、数週間前に金を仕入れたばかりだった。

（ブルームバーグ　２０２４年10月8日）

このように、アメリカでも金《きん》が一般国民にまでバカ売れしているのである。

第2章

トランプは、こうして
ドルを切り下げる

●「シャハト債」とは何か

前のほうのP18で書いたシャハト債《ボンド》について説明する。これが、今年から「トランプ債《ボンド》」という新しい言葉となって、アメリカで復活するだろう。まるで100年前の亡霊や怨霊《おんりよう》が、100年後に甦《よみがえ》るように。

「シャハト債券《ボンド》」の「シャハト」とは、ヒャルマル・シャハトというドイツの財政家で、財務長官と中央銀行総裁を兼ねた人だ。

ヒャルマル・シャハト Horace Greeley Hjalmar Schacht（1877－1970）は、ドイツの大学で経済学を学び、1899年に経済学博士号を取得して、ドレスナー銀行に入った。だからシャハトは経済学者であり、銀行家（バンカー）である。そのあとドイツ政府の経済政策に深く関わってゆく。

1918年11月（第1次世界大戦 WW1 が終結した）に、シャハトは、仲間の知識人たちとドイツ民主党 DDP《デーデーペー》 を結成した。ドイツでは「もう戦争で死ぬのは嫌《いや》だ」と、戦争の継続に反対する兵隊たちが反乱の「ミュンヘン革命」を起こした。これで皇帝ヴィルヘルム2世が退位してドイツ帝国が崩壊した。そしてドイツ共和国（ワイマール共和

シャハト(中央)とヒトラー(右)は秘密で軍事費を調達した

写真　Bundesarchiv、Bild 183-R98364 / CC-BY-SA 3.0(1936年撮影)

ヒトラーは、中央銀行総裁のシャハトに、外国に知られず、国家予算にも計上されない軍事費を調達するように命じた。これでシャハトは、シャハト債の発行を考案した。

シャハト債で集められた資金は、ナチス・ドイツの軍拡(大砲、戦車、戦闘機、戦艦の大増産への投資)に使われた。そして第2次世界大戦(WW2)へと向かったドイツ国は、敗戦して没落した。

トランプ大統領は、このシャハト債と同じ仕組みを、これからのアメリカで使う。

国）ができた。ドイツは降伏して講和（平和）条約（ピース・トリーティ）を結んだ。

このWW1の講和条約であるヴェルサイユ条約で、ドイツはイギリスとフランスから厳しい戦時賠償をギューギューと求められた。その資金を調達するために公債（国債）を発行した。これでマルク通貨の価値が大暴落した。ドイツ国は1兆倍という、とても訳《わけ》の分からないハイパー・インフレーションに見舞われた。1マルクが1兆マルクになったというのである。俄《にわか》には信じられない数字だ。だが今でも、このように意味不明のまま説明される。すなわち、お札（紙幣）が紙クズになったのだ。山積みのお札の束をリヤカーで引いている有名な写真がある。

このとき、シャハトは1923年に、ライヒ（Reich　国家や帝国のこと）通貨委員になった。大暴落どころか超《ちょう》暴落したマルク通貨をなんとか立て直して、安定させることが目的だ。そこでシャハトは、臨時の通貨（補助通貨）として、レンテンマルク Rentenmark を発行することを主張した。「レンテ」とは地代のことである。地代《レント》（土地の使用料、賃貸料）を裏付けとする通貨がレンテンマルクだ。

そして1923年11月から、それまでの旧ドイツ・マルク（パピエルマルク。紙キレのマルクと呼ばれた）の1兆マルクが、1レンテンマルクに置き換えられた。すなわち「1兆分の1のリデノミネーション」である。とんでもないことが起きたのだ。それでも、このリデノミでマルク通貨の信用は劇的に回復した。国民は新紙幣を使い始めた。このあとシャハトは、ライヒスバンク（Reichsbank　ドイツ国の中央銀行）の総裁になった（1923年12月）。

こうして敗戦国のドイツは、どうにかこうにかマルク通貨の信用を安定させた。ところがこの6年後の1929年に、大きな金融危機に襲われた。アメリカのニューヨーク発の世界大恐慌である。この10月24日にウォール街で株式が大暴落したのが震源《エピセンター》だった。〝魔の木曜日《ブラック・サーズディ》〟と呼ばれる。ドイツは、まだWW1の戦時賠償金を支払い続けていた。国内に失業者が溢《あふ》れた。国民の不満が渦巻《うずま》いた。ドイツ・マルク（レンテンマルク）の信用は、またしても失われた。

ドイツ共和国政府の中では、債券を発行して諸外国に引き受けてもらおう、すなわち「外債《がいさい》を発行しよう」という意見がたくさん挙《あ》がった。外国向けに借金証書（国債）を発行して引き受けさせるというのである。しかし、ライヒスバンク総裁であるシャハトは、これに反対した。「財政の均衡《きんこう》は、あくまで国民の税金で保《たも》つべきだ」と主張した。この政府内部の対立が原因で、シャハトは1930年3月に、一旦《いったん》ライヒスバンク総裁を辞めた。

●実体のない会社組織が手形の「引受人」になった

1920年代のドイツでは、ナチ党（国家社会主義ドイツ労働者党。ナチス・ドイツ）が勢力を伸ばしていた。このNazi《ナチ》という言葉は、ドイツ国民がSozi《ソチ》に対して名づけて呼んだものだ。National《ナチオナール》 Socialist《ソシアリスト》 国家《こっか》社会主義者党《しゃかいしゅぎしゃとう》の頭《あたま》だけで作った。これに対してSozi《ソチ》はSocialist《ソシアリスト》の略で、社会主義者（左翼）の意味だ。Nazi(s)とSoziを、日本人はそろそろ対句《ついく》として理解しないといけない。

ナチ（ス）はヴェルサイユ条約に反対し、ユダヤ人の排斥《はいせき》を主張する、国粋主義を掲《かか》げた。シャハトもアドルフ・ヒトラーの著作『わが闘争《マイン・カンプ》』に感動した。シャハトは、エリート層であるドイツの政・財・官界がヒトラーを応援するよう運動した。それでナチスは、富裕層からも資金（献金）を集めることができた。シャハトとヒトラーは、どんどん近づいていった。

1933年1月に、ナチスが議会で第1党となり、ヒトラーがドイツ首相（チャンセラー）になった。このときシャハトは、ライヒスバンク（中央銀行）の総裁に返り咲いた（3月16日）。

ヒトラーはシャハトに、諸外国すなわち英仏米に知られないよう、秘密で軍事費を調達することはできないか、と相談した。このときシャハトが編《あ》み出したのが、本書第1章（P18）で私が書いた「シャハト債」である。

1933年6月に、このシャハト債を導入することが決まった。シャハト債は、「メフォ手形《てがた》」Mefo-Wechsel《メフォヴェクセル》とも呼ばれる。その仕組みはこうだ。シャハトは冶金《やきん》研究協会という有限会社を作った。この名前ばっかりの会社（ペイパー・カンパニー）に出資したのはドイツの企業たち（クルップやシーメンスの大手の重工業、製造業）だ。

ドイツ語で Metallurgische《メタルールギッシュ》 Forschungsgesellschaft《フォルシュングスゲゼルシャフト》 と言う。その略称がＭＥＦＯ（メフォ）だ。このメフォが、国軍が発注した兵器などを納入した、それら大手の軍需産業の手形の引受人となった。これにライヒスバンクが支払いを保証することで、ドイツ政府が支払いの義務を負うこととした。このように、わざと複雑な仕組みにした。

手形は、「約束した金額を約束した日までにお支払いします」という証書（証券《ヴェクセル》）のことである。たとえば、取引先に商品を納入した業者が、取引先から手形を受け取る。これを手形の「振り出し」（振出人）と言う。納入した業者のほうは手形の「受取人」である。このとき、振出人に代わってお金を支払うことを「引き受け《アクセプタンス》」と言って、銀行などの金融機関がやる（引受人）。

だが、メフォは前述したとおり実体のない会社組織であり、金融機関でもない。だから手形の引受人にはなれないはずだ。すなわちメフォ手形は、「手形」（証券）と称しているけれども、実質は手形ではない。この手品をシャハトが考えて創出したから、「シャハト債券《ボンド》」と呼ぶべきである。

このシャハト債《ボンド》という奇妙な仕組みで、ナチス政権は、手形の償還《しょうかん》額が国家予算に計上されないで済む、別枠の、別立ての、帳簿に見えない《ステルス》債券（借金）を抱えることで、秘密の軍事費を調達した。その総額は、1937年からの4年間で、204億ライヒスマルクだった。

日本も「戦争経済」で国債を発行して、軍事費を集めた

1942年（昭和17年）12月発行の戦時国債。「大東亜戦争割引国庫債券」と書いてある。額面は20円（弐拾圓）、償還日は1953年（昭和28年）だ。しかし敗戦で償還されることはなかった。ただの紙キレになった

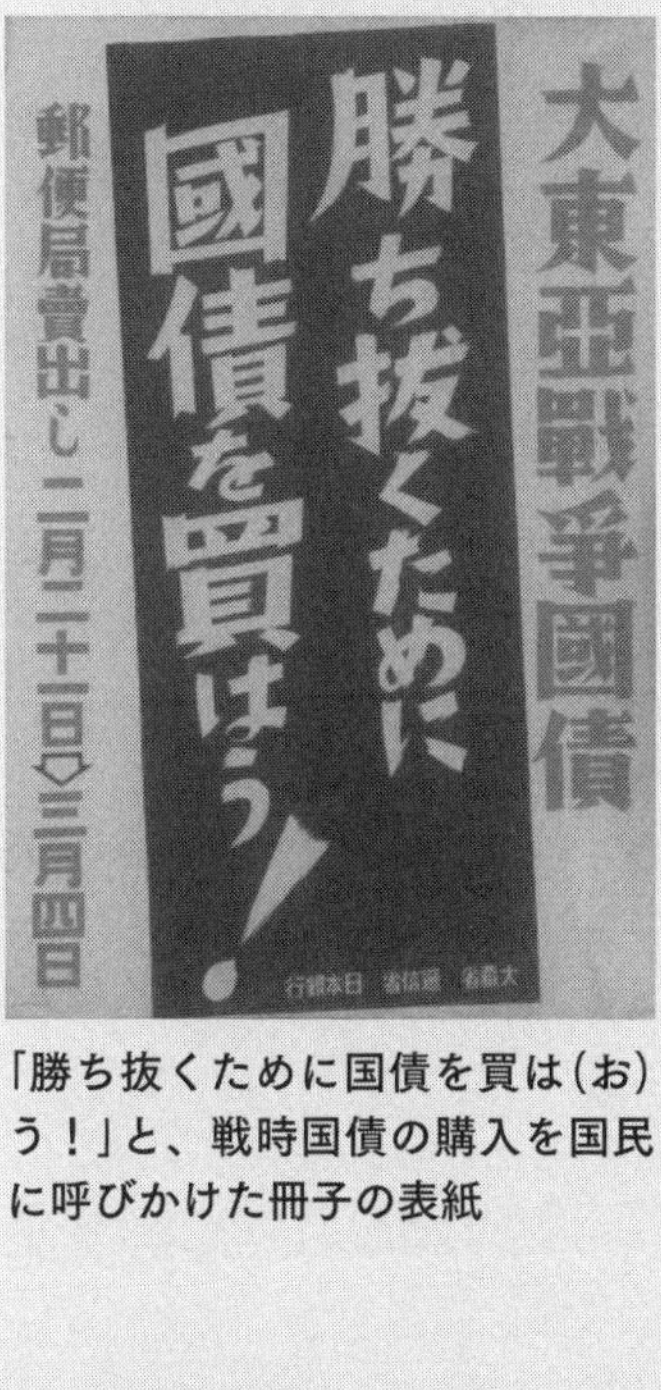

「勝ち抜くために国債を買は（お）う！」と、戦時国債の購入を国民に呼びかけた冊子の表紙

日本でも1937年（昭和12年）から、戦時国債が発行された。これで国民から戦費を調達した。総額は1408億円（今の1.4京円）に達した。

しかし日本は戦争に負けて国庫が底を突き、この戦時国債は償還されなかった。紙キレ同然になった。

このあと、1946年（昭和21年）2月から日本政府は富裕層への財産税の課税と預金封鎖を断行した。

Ｐ19で前述したが、シャハト債で集められた資金は、アウトバーンやフォルクスワーゲン製造工場とかの公共事業にも使われた。それでも、この手品（インチキ）で、マルク通貨の信用は回復した。だが、このシャハト債を償還 redemption《リデンプション》 できる当《あ》てはなかった。空《から》手形のゴミクズ証券《セキュリティ》である。

実は日本も、１９３７年（昭和12年）から、軍事費のための国債である「戦時《せんじ》国債」（大東亜戦争割引国庫債券《こっこさいけん》）を発行した（Ｐ85の画像）。そのほとんどは日銀による直接引き受けだった。発行した総額は、１４０８億円（今の１・４京《けい》円）である。国民に戦時国債の購入がガンガン奨励されて、郵便局でも買えた。お金持ちたちが、「国難《こくなん》だから、お国《くに》にご奉仕しよう」と。しかし１９４５年８月の敗戦で、この戦時国債はすべて紙クズになってしまった。

本当にこういうことが起きるのである。そのことを、日本人に警告し、注意を促《うなが》し、用心するようにとの思いで、私、副島隆彦は、ずっと金融本をこの27年間書き続けた。すでに私たち国民の目に見えないところで、大量の秘密の米国債（日本が引き受けて買わされた分は16兆ドル）が紙クズ（未《み》償還）にされようとしているのだ。

●ヒャルマル・シャハトは裁判にかけられた

この戦争経済体制で、ドイツ国（ナチス政権。ヒトラー内閣）でシャハトは財務長官にもなった。1935年6月には、「戦争経済全権《ぜんけん》」にも任命された。次の次の年（1937年1月）、ヒトラーから「黄金ナチ党員バッジ」をもらって、ナチ党に入党した。

ところがこの年の11月に、シャハトは財務長官と戦争経済全権を突然、解任された。ナチス内の権力闘争で、経済政策を握ったヘルマン・ゲーリング（飛行機乗り上がりの軍人でヒトラー政権のNo.2）に敗れたからだとされる。シャハト債は1938年に発行が停止された。

シャハトは、「膨《ふく》れあがった軍事費が財政を圧迫してインフレが起きている」とヒトラーに手紙を出した。だが、1939年1月にはライヒスバンク総裁の椅子からも解任された。シャハトはナチ党の特別な党員であったが、力を奪われた。

ドイツの敗戦後、シャハトは、ナチス（ナチ党）に協力した容疑で、連合国軍に逮捕された。そしてニュルンベルク裁判にかけられた。シャハトは法廷で、一貫して無罪を訴えた。さまざまな戦争協力の証拠や証言が出た。それでも戦争犯罪（ウォー・クライム。人道の罪など）には直接関わらなかったので、最終的に無罪判決が言い渡された。戦後は、シャハトはドイツの企業が途上国に進出するときに助言をする、金融・経済コンサルタントの仕事をして長生きした（93歳で死）。

●トランプは米ドルを「10分の1」の価値に引き落とす

トランプ大統領は、ここまで説明したシャハト債《ボンド》を真似《まね》た同じ仕組み（スキーム）で、破産状態のアメリカの国家財政を立て直そうと、目下、真剣に画策している。これしか他に手はない。

これまでにアメリカ政府が密かに抱えてきた、ものすごい金額の累積《るいせき》の財政赤字の総額は1000兆ドル（14京《けい》円）である。トランプは、どうやってみても、まともな返済プランでは、これをを減らすことはできない。だからインチキ手法だと分かっているシャハト債《ボンド》の手口を使うしかない。

アメリカ政府が抱えている累積の（毎年の、ではない）財政赤字の内訳は、ワシントンの連邦政府が47兆ドル（6600兆円。これは公表されて毎年、激しく議論されてい

国債10年もの(長期金利)の利回り
(直近2年)

出典　FRB

出典　財務省

る）、これに健康保険と福祉で200兆ドル（3京《けい》円）、50州各州と40の大都市の借金が300兆ドル（4・2京円）、そしてファニー債やフレディ債などの住宅ローン担保証券の、FRBによる再引き受けした分が20兆ドル（3000兆円）、これら以外に440兆ドルぐらいある。

だから日本に押し付けた分が16兆ドル（1800兆円）あるのだ。これらは隠されていて議論しないことになっている。このことで、日本の勘定奉行《かんじょうぶぎょう》たちである大蔵省のトップたちが、「一体《いったい》、どうしたものか」と頭を痛めている。国民にも、自民党の陣笠《じんがさ》政治家たちにも内緒である。

これらの全部が積み上がって、総額1000兆ドルという大借金になっている。このことを私以外の誰も明らかにしようとしない。

だからトランプ政権は、第1章の冒頭で書いたように、この旧来の積み上がった大借金とは別個に、別立てで、政府の新しい手品《てじな》（sleight《スレイト》 of《オブ》 hand《ハンド》 早技《はやわざ》でのごまかし）で、インチキの財政政策をやる。

それがシャハト債すなわちトランプ債である。この①新種の新しい米国債のようなものを発行することで、トランプたちは、今の苦境に陥《おちい》っているアメリカの国家破産状態

為替 直近3年の円・ドル相場

日本政府が介入した

出典　Yahoo!ファイナンス

長期44年間。ドル下落（ドル安）はアメリカの運命である

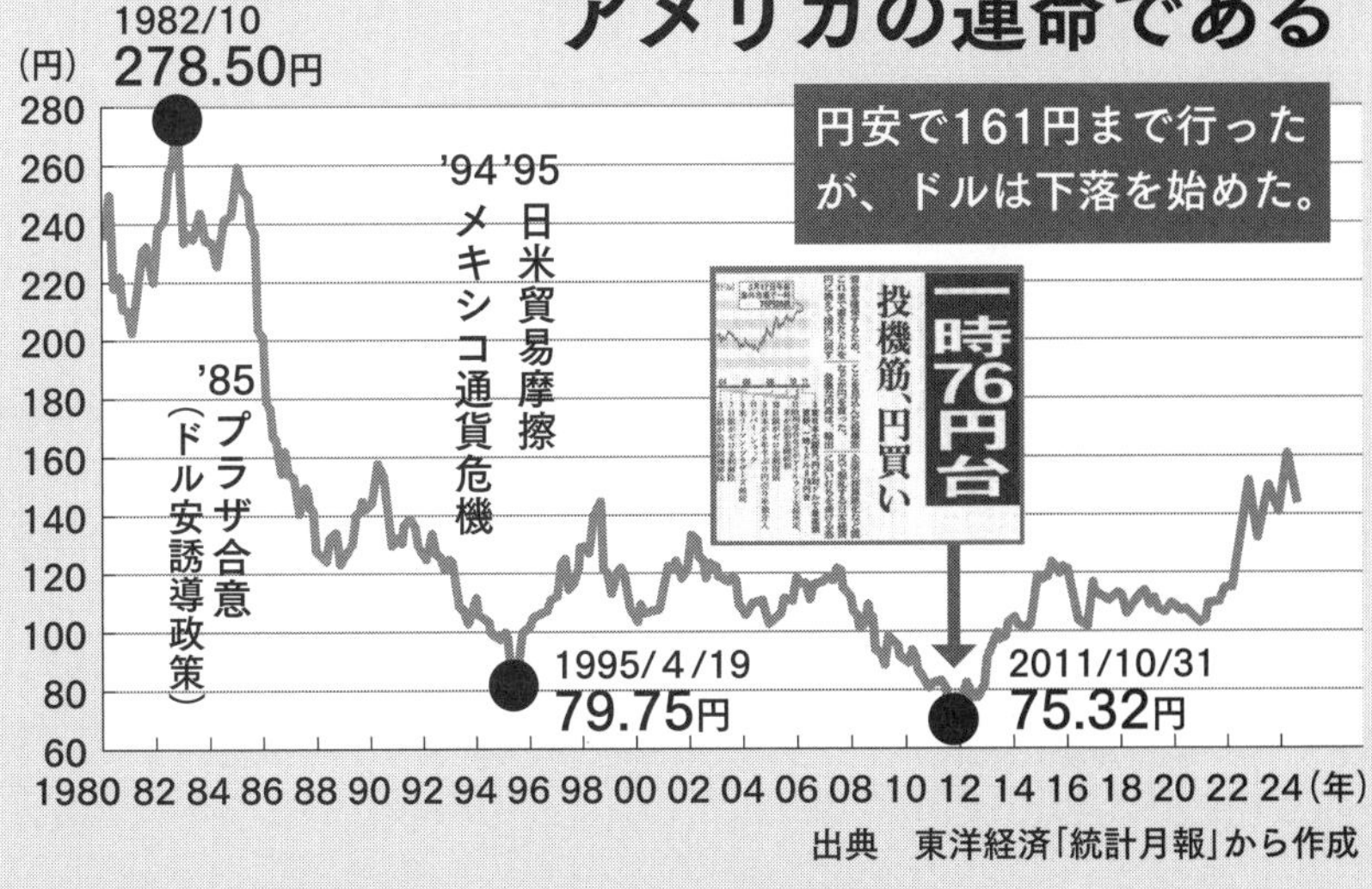

出典　東洋経済「統計月報」から作成

を、なんとか乗り切ろうとする。

そして、この①トランプ債券という魔法で、アメリカ政府の借財《しゃくざい》を表面の見かけだけでも消し込むことに成功すればいいが。それに失敗したらどうするか。そのときは、この本でこれまでに書いてきたとおり、②通貨（カレンシー。国が発行するお金《かね》）をいじくる。これしか他に手はない。

通貨をいじくるとは何かと言えば、外国との関係で為替を操作するということだ。為替（フォーリン・エクスチェインジ）をいじくることは、まさしく、日本との関係では「ドル円相場」を大きく一気に変動させるということである。超簡単に言えば、**今の米ドルを10分の1の価値に引き落とす**。すなわちドルの大幅な切《き》り下げ（round《ラウンド》 down《ダウン》、devaluation《デヴァルエイション》）をすることである。

このとき、今のようにチマチマと「ドル円相場は、1ドルは152・3円で30銭安《やす》」などと言っていられなくなる。これがドーンと一気に、1ドル＝15円になる（する）ような大変動が、私たちの目の前に迫っているのである。

「副島よ、お前の言うことなんか信じられない」「そんなとんでもないことが起きるはず

トランプは最近まで暗号通貨を厳しく批判していた(2019年7月)

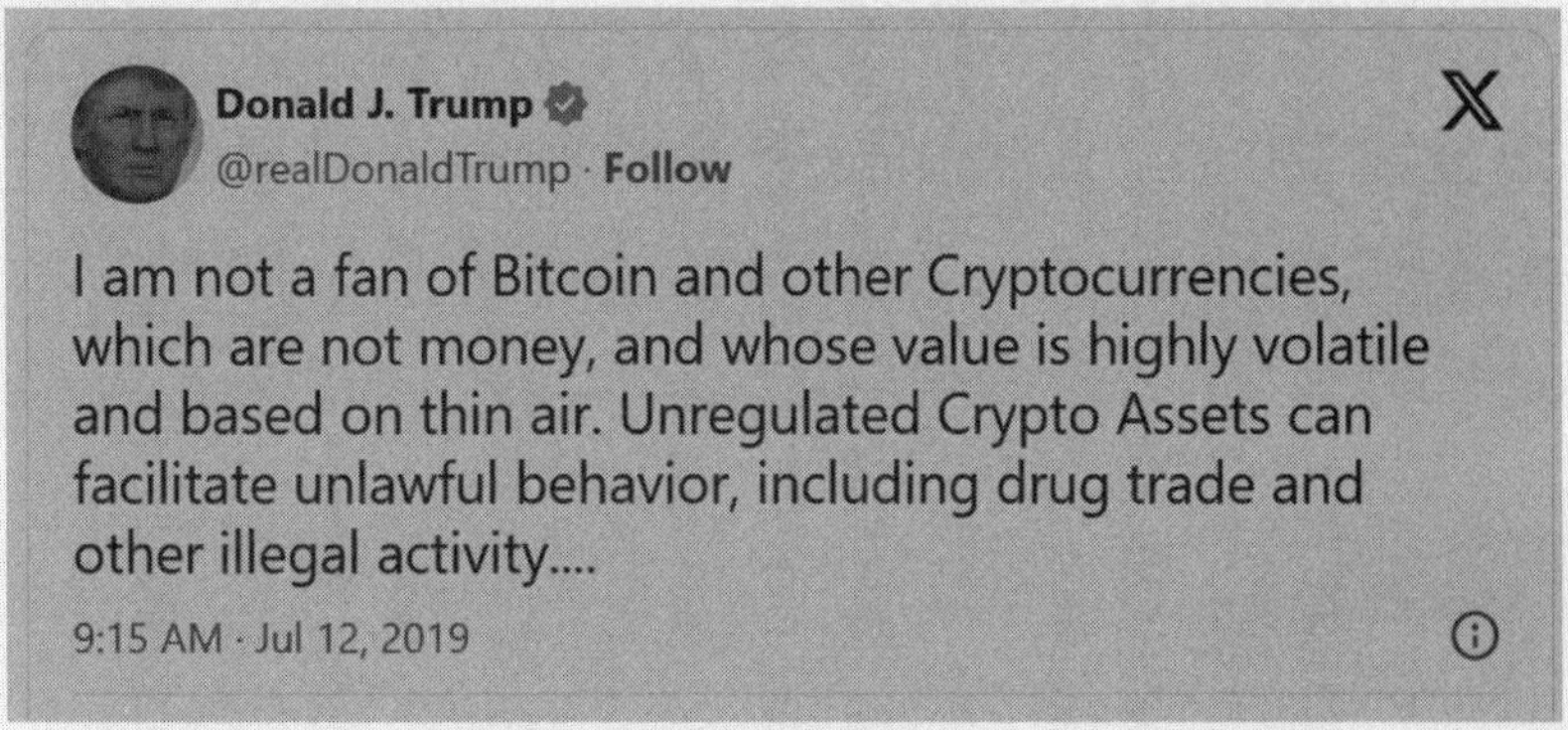
Donald J. Trump
@realDonaldTrump · Follow

I am not a fan of Bitcoin and other Cryptocurrencies, which are not money, and whose value is highly volatile and based on thin air. Unregulated Crypto Assets can facilitate unlawful behavior, including drug trade and other illegal activity....

9:15 AM · Jul 12, 2019

トランプのTwitterへの投稿文(2019年7月12日)。Twitter社がイーロン・マスクに買収されてX社になったあと、ロゴの表示も「X」に変更された

私はビットコインや他の暗号通貨《クリプト・カレンシーズ》を支持しない。(そもそも)暗号通貨はマネーではない。そしてその価値はきわめて不安定《ヴォラタイル》だ。(なぜなら)その土台(根拠)が薄い空気のようなものだからだ。暗号資産《クリプト・アセッツ》は規制を受けていない。暗号資産は、麻薬の取引を始めとする、さまざまな違法な犯罪活動を温存するための手段《ファシリテイト》として使われている。

(副島隆彦訳)

がない」と思っている人たちは、ご自由にどうぞ。私は、そういう人たちには何も言わない。私の本を、もう買って読んでくれなくてもけっこうである。私は、たったひとりで、前のほう（近未来）に向かって金融予言者として進んでゆくだけだ。

●トランプは暗号通貨を嫌っていた

トランプ大統領は、米ドルの世界中での信用《クレディビリティ》をこれまでどおり維持するために、どうしても②新奇《しんき》な手に出て、米ドルの下落を阻止しなければいけない。そのために、暗号通貨（暗号資産）を使うと決断した。そのために態度を変えた。急に考えを転換した。そして暗号通貨《クリプト・カレンシー》を、自分がドルを守るための切り札（これがまさしくTrump《トランプ》だ）にしようと決断した。

ここには、イーロン・マスクとピーター・ティール（ペイパル・マフィアの頭目《とうもく》。表《おもて》には出ない）からの重大な説得があった。

トランプは、2024年7月までは、暗号通貨のことを毛嫌いしていた。「こんな変なお金を使うと、ある日、急にこいつらは手元から消えてなくなったりするのだ」と言って

CNNの開票速報を見守りながら話し込むトランプとマスク 2024年11月6日

写真　イーロン・マスクのXから

当選が決定した11月6日午前5時半ごろ（現地）、抱き合って喜んでいる周《まわ》りの選対の人物たちなど無視して、真剣に話している。真ん中のハゲは選対《せんたい》の幹部のひとり。トランプとマスクだけは自分たちが勝利する、と予《あらかじ》め分かっていた。その理由はP234以下に書いた。

書いていた。その証拠の文を、P93に示す。

ところが、7月ぐらいから急に態度を変えた。暗号通貨という実物性《じつぶつせい》のない、気色《きしょく》の悪いデジタル・マネーを、自分の政権で大きな政策決定をして、政府として新たに制度化する新通貨（ニュー・カレンシー）として通用させる強硬手段に出ようとしている。このことがはっきりした。

トランプ政権で、SEC《エスイーシー》（米証券取引委員会）の委員長に、ポール・アトキンス（年齢非公表）が指名《ノミネイト》された（12月4日）。アトキンスは、金融法人相手のコンサル（ティング）会社である「パトマック・グローバル・パートナーズ」Patomak Global Partners の創業者で、暗号通貨の推進派だ。これまでバイデン政権の中で、暗号通貨の取引を厳しく規制してきた、前のゲイリー・ゲンスラーに替わって、アトキンスがSEC委員長になった。記事を載せる。

「米SEC次期委員長にアトキンス氏　仮想通貨推進派」

トランプ次期米大統領は12月4日、米証券取引委員会（SEC）の次期委員長にポール・アトキンス氏を指名すると発表した。アトキンス氏は２００２～08年にＳＥＣの委員を務め、暗号資産《クリプト・アセット》（仮想通貨）の推進派として知られる。仮想通貨業界を厳しく取り締まったゲンスラー委員長体制から方針転換を図る。

トランプ氏が自身のソーシャルメディア「トゥルース・ソーシャル」でアトキンス氏指名を明らかにした。同氏について「常識的な規制を追求する、実績あるリーダーだ」と評したうえで「デジタル資産《アセット》やその他の技術革新が、米国をかつてないほど偉大にするために不可欠であると認識している」と記した。

アトキンス氏は２０１７年から、仮想通貨（暗号資産）の基礎技術ブロックチェーンの活用を推進する組織トークン・アライアンスで共同会長を務める。仮想通貨業界への支持を鮮明にするトランプ氏の意向を反映し、業界育成に軸足を置くことになる。

（日本経済新聞　２０２４年12月５日　傍点は引用者）

このポール・アトキンスがイーロン・マスクと組んで、ブロックチェーン技術を使って暗号通貨（クリプト・カレンシー）の形の新しい「デジタル米ドル」を発行し、世界中に強制的に通用させることを目論《もくろ》んでいる。

トランプは、もともと暗号通貨に批判的な立場だった。前に大統領だったときの2019年7月に、「私は、ビットコインその他の暗号通貨《クリプトカレンシーズ》のファンではない。暗号通貨はマネーではない。価値も非常に変動（ボラティリティ）が激しい。だから、その価値も薄い《スイン》空気《エア》のような根拠しかない。暗号資産《アセッツ》は、きちんとした規制を受けない。だから暗号資産は、麻薬の密輸などさまざまな違法な犯罪を助けるために使われている」と主張した。P93に投稿文の画像を載せた。

さらに2年後の2021年には、「ビットコインは詐欺《さぎ》だ」と発言した。記事を載せる。

「トランプ氏　ビットコインは詐欺と批判」

トランプ前米大統領は、フォックスビジネスからの取材に、ビットコインを詐欺《コン》だと批判した。トランプ氏はその理由として、「ビットコインは世界の通貨であるドルと競争しようとしているからだ」と指摘している。

「ビットコインは詐欺に似ている。私は好かない。なぜならこれはドルと競争しようとする別の通貨だからだ」

トランプ氏は大統領職にあった時、ビットコインの他、暗号通貨を封じて、取引を禁じようとした。2018年5月、当時のムニューシン財務長官にその旨《むね》指示していたことが、2020年に明らかになっている。

（スプートニク　2021年6月8日）

この暗号通貨への厳しい態度がガラリと変わったのは、2024年の7月頃である。トランプは急に態度を変えて、「アメリカを暗号通貨の首都、ビットコインの超大国にする」と発言して、暗号資産業者たち（中国から逃げてきてテキサス州にたくさんいる）を支援すると発表した。この態度（＝政策）変更が、そのまま今年からのトランプの金融政策の柱になってゆく。イーロン・マスクたちペイパル・マフィアがトランプを執拗に説得して、考えを変えるよう急《せ》き立てた。

P18で書いたように、トランプは、①シャハト債（ボンド）という手品（スレイト・オブ・ハンド、シェル・ゲームの詐欺）でアメリカの財政立て直し（借金消滅プラン）を図《はか》る。そう、MAGA《マガ》戦略のアメリカ復興計画をやろうとしている。MAGAとは、ずっとトランプ支持者たちに連呼させたMake America Great Again「アメリカを再び偉大に」の標語（スローガン）である。

これと、前述した②暗号通貨（クリプト・カレンシー）による新《しん》通貨制度、すなわちデジタル米ドルは表裏一体であり、2本立てだ。

●しかし新政権では「暗号通貨の推進派」が起用された

トランプは昨年中に、新政権の指名人事を次々と発表した（P197に顔写真付きで表を載せる）。そして1月20日の就任式《エノギュレイション》に臨んだ。以下に引用する記事でも、暗号通貨の推進派が起用されたことが分かる。

「トランプ氏、AI・暗号資産責任者にサックス氏　ペイパル元幹部」

トランプ次期米大統領は12月5日、ホワイトハウスの人工知能（AI）と暗号資産《クリプト・アセット》の責任者（Czar《ツァー》と名づけた）に、米決済サービス大手ペイパルの元最高執行責任者（COO）、デイビッド・サックス氏を指名すると発表した。

デジタル通貨政策の見直しを進める狙いがある。

トランプ氏は「（サックス氏は）暗号資産業界が求めている明確性を確保し、業界が米国で繁栄できるよう、法的枠組みの問題に取り組むことになる」と述べた。「Czar（王）」という肩書（引用者注。この「ツァー」はロシア皇帝を意味する。いかにもイーロン・マスクが思いついたのだろう）が正式なものかになるかは言及しなかった。

サックス氏は南アフリカ生まれの52歳。トランプ氏を支持する起業家のイーロン・マスク氏やピーター・ティール氏らペイパル出身者が集まる「ペイパルマフィア」の一員とみられている。

（サックス氏は）早くから暗号通貨を熱心に支持しており、２０１７年のＣＮＢＣとのインタビューでは、「ビットコインの登場でインターネットに（さらなる）革命が起きようとしている。私たちは今、新しいタイプのウェブの誕生を目撃しているような気がする。これを分散型ウェブ、あるいはインターネット通貨と呼ぶ人もいる」と語っていた。

トランプ次期政権では、サックス氏のほか、アトキンス証券取引委員会（ＳＥＣ）委員長や商品先物《さきもの》取引委員会（ＣＦＴＣ《シーエフティーシー》）の委員長らが、新たに設立された暗号資産諮問委員会と協力して米国のデジタル通貨政策《カレンシー・ポリシー》を見直すとみられている。「過剰な規制はイノベーションを阻害する」として、人工知能（AI）や暗号通貨への規制を最小限に抑えたいという意向が総じて強い。

（ロイター　2024年12月6日）

この記事にある「人工知能・暗号資産の責任者」は、英文表記ではAI《エイアイ》 and Crypto《クリプト》 Czar《ツアー》である。AIと暗号資産《クリプトアセット》を合体させて、これに「分散型台帳《ぶんさんがた》」と訳されるブロックチェーンの技術を加えて、トランプたちは②「デジタル米ドル」というインチキ臭い新通貨を発行しようとしている。これを2年以内に実施するだろう。そのとき、実物資産（タンジブル・アセット）の王者である金《きん》との関係で、どういう血みどろの戦いになるか、を私は凝視《ぎようし》している。

●ドル高（円安）か、ドル安（円高）か

トランプが、ドル高（円安）を批判したという記事が10カ月以上前にあった。だから大

トランプは米ドルを切り下げる

アメリカ大統領の為替政策とドル円相場

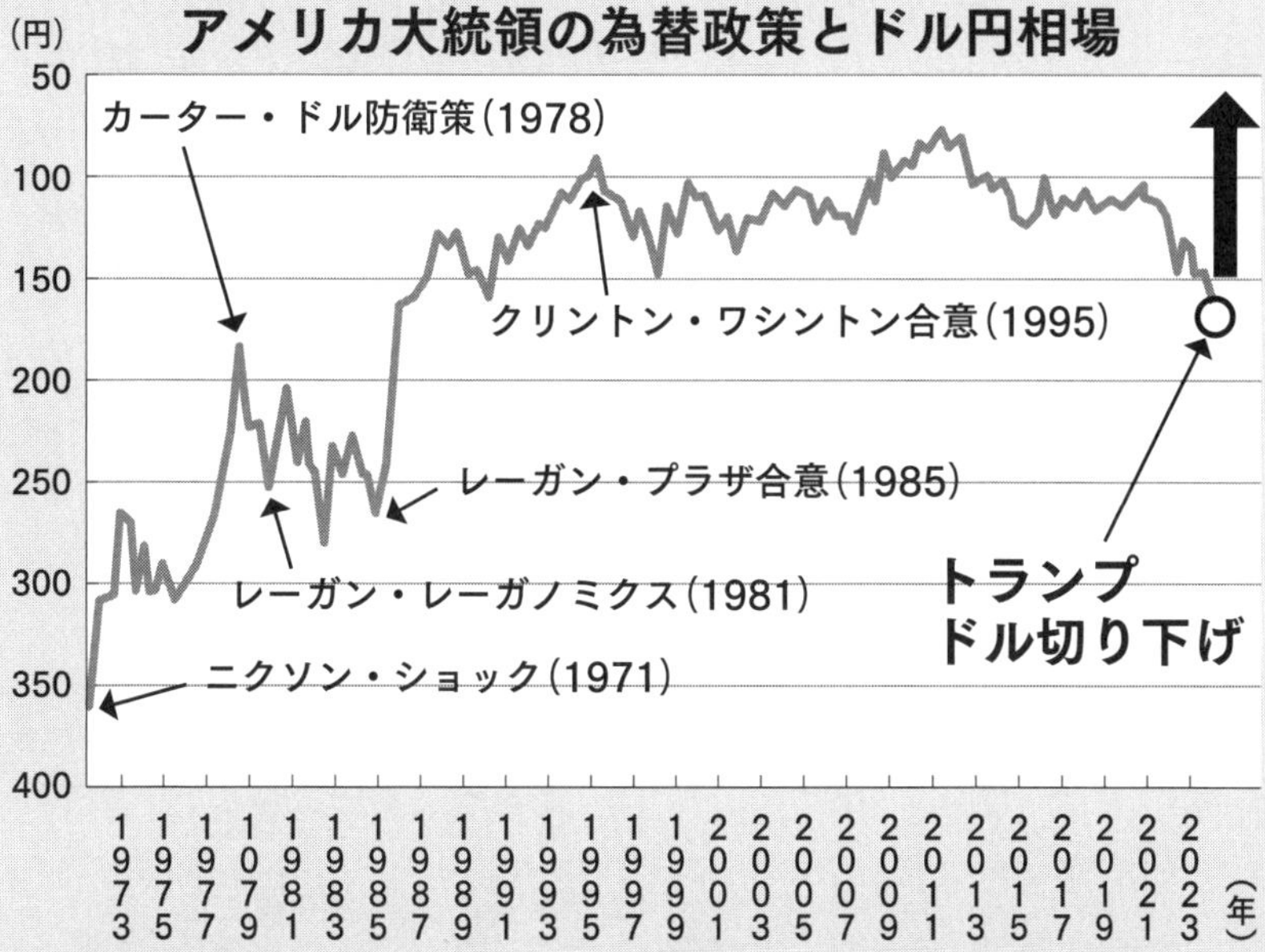

出典　ブルームバーグ　2024年7月25日

写真　Getty Imags

ライトハイザー(左)とトランプ(2018年2月撮影)

トランプ前政権時代のロバート・ライトハイザー通商代表部(USTR)代表は、ドル安《やす》誘導策をトランプに、たびたび提案した。25%の切り下げを進言したこともある。だがムニューシン財務長官たち周囲に反対された。それでも、今も他のさまざまな通貨に対して、ドルを弱くする政策が検討されている。

統領に当選する、だいぶ前の発言だ。トランプが「私は強いドル（すなわちドル高）が好きだ。ドルが世界の基軸通貨だ」と書いた文を私は見たことがない。ただし、最近（2024年11月30日）の「ドルに挑戦する通貨の誕生を私は許さない」というトランプの発言についてはP108以下で論じる。

「トランプ氏、34年ぶり円安・ドル高「大惨事」─現政権の「放置」批判」

11月の米大統領選に向けての共和党候補指名を確実にしたトランプ前大統領は、4月23日、ドルが対《たい》円で34年ぶりの高値を付けたことについて、「（これは）米国の製造業にとって大惨事だ」と、自身が立ち上げたソウシャルメディア・サイトのトルース・ソーシャルへの投稿で批判した。

トランプ氏はその中で、「円安・ドル高の進行により米企業がビジネスを失い、外国での工場建設を余儀なくされる。こうした（円安・ドル高の）為替相場は、バイデン大統領が事態を放置している証拠である。日本や中国などの国々は、今や米国をばらばらにするだろう」とコメントした。

（ブルームバーグ　2024年4月24日）

それから、前のトランプ政権で米通商代表部（ＵＳＴＲ《ユーエスティーアール》）代表だったロバート・ライトハイザー（Ｐ103に写真）が、ドル安誘導策を構想しているという記事も公然と出ていた。

ライトハイザーはトランプの信任も厚く、最も有力な財務長官候補だった。しかし彼は、あっけなく新閣僚の候補から外《はず》されて消えた。ライトハイザーの「(現実を直視した)弱いドル（ドル安）を受け入れる」という政策が、トランプに嫌われ棄《す》てられたからだ。トランプとしては、ウソでもインチキでも、政権当初はガツーンと、どうしても「ドルは強いんだー」をやらないと気が済まないのだ。だからライトハイザーは捨てられた。

「トランプ氏側近が「ドル切り下げ」「ＦＲＢの独立性低下」画策」

米ニュースサイトのポリティコは4月15日、「トランプ氏の貿易に関するアドバイザーたちがドルの切り下げを画策」と題する記事を掲載した。

この記事のリード部分は、「(トランプ）前大統領に近いアドバイザーたち、特に元米通商代表部（ＵＳＴＲ《ユーエスティーアール》）代表のロバート・ライトハイザー氏が、「他のさまざまな通貨に対してドルを弱くする政策を検討している。そうした政策は米国の輸出を潤《うるお》す（注。輸出力を強化する。しかしその一方で国内の）インフレ率を高騰させることもあり得る」という内容である。

意図的なドル安《やす》誘導と、為替相場を再調整してドルを切り下げるというアグレッシブな政策構想は、11月の大統領選でトランプ候補が勝利する場合に政権入りするとみられる数人の間で、最優先事項になる可能性が高いという。（略）

ライトハイザー元ＵＳＴＲ代表は、トランプ氏の貿易・経済政策に対し、大きな影響力を維持しているという。ドルを切り下げようとする場合には、（１）一方的にドルを下落させる、（２）関税《タリフ》を脅《おど》しに使いながら他国との交渉を経てドル安に誘導する、という２つの手法がある。２０２３年出版の著書の内容に鑑《かんが》みると、ライトハイザー氏はこれらのうち、（２）が望ましいと考えているもよう。１９８５年の「プラザ合意」のような、為替相場に関する他国との「グランドバーゲン（包括的駆け引き）」がイメージされている。

もっとも、こうした構想が日の目を見るのは、「トランプ氏が大統領選で勝利した上で、２期目の政権の財務長官にライトハイザー氏が就任する場合に限られる」と、トランプ政権で経済関連の高官を務めた人物はコメントしている。

（日経ビジネス　2024年5月28日　注記と傍点は引用者）

やっぱりライトハイザーは外された。

●副島隆彦戦略は2本立てにすると決めた

これまで書いてきたとおり、トランプは強気である。

Ⅰ　国内に対しては、自分を痛めつけた連中に復讐（vendetta　ヴェンデッタ）する。

このことには、私は大賛成である。

それに対してトランプは、Ⅱ　対外的には、アメリカにケンカを売るな、である。アメリカに挑戦する者は許さん、という態度である。これに対しては、私は、トランプこの野郎！　である。

トランプは米ドルの、対《たい》世界での信用を守るために、ついに世界に向かってケンカを売ると決めた。ＢＲＩＣＳ《ブリックス》諸国（新興国同盟）が、今にも誕生させようとしていた新しい世界通貨（ニュー・ワールド・カレンシー）であるＢＲＩＣＳ通貨《カレンシー》に対して「そんなことができるものならやってみろ。ただちに叩《たた》き潰してやる」という脅し《スレット》の宣言をした。「ドルに挑戦するのなら、それらの諸国に１００％の関税をかけてやる」と啖呵《たんか》を切ったのである。それが次の重要な記事である。

「トランプ氏、今度はＢＲＩＣＳに「脱ドル推進なら１００％関税」宣言」

トランプ次期米大統領は11月30日、新興国グループ「ＢＲＩＣＳ」について、米ドルに頼らない「脱《だつ》ドル化」（de-dollarization《ディーダラライゼイション》）を進めれば、その加盟国に１００％の関税《タリフ》をかける考えを明らかにした。メキシコ（とカナダ）、中国への「関税引き上げ宣言」に続き、関税を「人質」にしてドル離れの動きを牽制《けんせい》する動きだ。中国とロシアを中心とするＢＲＩＣＳから反発を呼ぶ可能性が高い。

トランプ氏は30日午後、自身のＳＮＳに「米国が傍観している間にＢＲＩＣＳが脱ドルを進める考えは通用しなくなった」と投稿。ＢＲＩＣＳが目標の一つに掲げる共通通貨創設について「国際決済で米ドルに取って代わる試みはあり得ない」として、

新世界通貨（BRICS共通通貨）の発行は先延ばしになった

写真　STANISLAV KRASILNIKOV/PHOTOHOST

ロシアのウラジーミル・プーチン大統領が最近（注。2024年10月のBRICS首脳会議で）、新興国グループ「BRICS」加盟国の共通紙幣のように見えるものを手にして写真に写ったことで、米ドルを王座から引きずり降ろそうとするロシアの取り組みが話題となった。

ロシア大統領府はその後、ロシアと中国が主導する同グループの国々の国旗が描かれたこの紙幣について、単にグループのパートナーシップの象徴のつもりだったと説明した。

（ウォールストリート・ジャーナル　2024年12月5日）

「通貨の創設やドル以外の通貨（を貿易で優先する）使用を諦《あきら》めないならば、（その加盟国のすべてに）100％の関税をかける。（それらの国々から）米国への輸出はできなくなると考えるべきだ」と記した。

グローバルサウスを含むBRICSは近年、「非《ひ》欧米」（として欧米に）に代わる枠組みで存在感を強めていた。10月にロシア（のカザン市）で開かれたBRICS首脳会議では、昨年の加盟国拡大に続き、新たに13カ国を「パートナー国」と認定した。2009年の発足時から、脱ドルが議論の中心で、共通通貨創設は目標の一つになっている。

（朝日新聞　2024年12月1日　注記は引用者）

この記事は、これからのトランプ政権の行方《ゆくえ》としてきわめて重要だ。

ついにトランプのMAGA《マガ》（Make America Great Again）戦略が発動、発進した。これに対して新興大国の同盟であるBRICS側はびくついた。今や、トランプの恫喝《どうかつ》と脅しに、しーんとなってしまった。

「ヤルタ3.0」は当面、無《な》くなった

ニューヨーク・タイムズ紙が「New Yalta」と題して掲載した画像(2017年2月)。

右のヤルタ会談(1945年2月)の写真を加工して、コラージュしたものだ。この「Yalta 3.0」は無くなったと冷酷(悲観的)に考えるべきだ。

写真　英国国立公文書館

この事態は私、副島隆彦が、トランプ当選（昨年11月6日）の直後から危惧《きぐ》していたことだ。私は不愉快になって極度に警戒、憂慮し始めた。トランプのものすごい剣幕《けんまく》とともに、アメリカ国の方向づけが始まった。

私は、トランプ当選の10日後の11月15日に決断した。

Ⅰ　私はトランプ当選を大歓迎する。ディープステイトどもを殲滅《せんめつ》せよ。

と、それと対立する

Ⅱ　トランプ、この野郎ー。トランプの対外《たいがい》的な、強圧的な態度に怒る態度。

である。

このⅠとⅡに分けて、私はこれからのアメリカ分析、予測と世界理解を推《お》し進めてゆく。私はこのように決断した。そして、それから半月後に、トランプのこの「BRICSどもめ。アメリカ・ドルへの挑戦（取って替わる）を許さーん」が出たのだ。

だから「トランプによるアメリカの世界支配の継続」に対して、これを私は嫌い、「アメリカ帝国の没落（E《エドワード》・ギボンの、帝国のDecline《デクライン》 and《アンド》 Fall《フォール》 衰亡史史観による）を世界史（人類史）の必然とする路線」（Ⅰ）と、トランプのアメリカ国内での復讐 vendetta《ヴェンデッタ》に賛成する（Ⅱ）の、このⅠとⅡの2本立てにする。当面、この書き方で行くという副島隆彦戦略を、12月1日から発動しなければ済まなくなった。
これで、「Yalta《ヤルタ》3・0」（P111の写真参照）は無《な》くなった、と、冷酷に（悲観的に）考えないといけない。なぜなら3帝国（アメリカ、ロシア、中国）の共通の敵は、いないからだ。

●トランプの「100％関税」にたじろいだプーチン

トランプの「BRICS諸国への100％関税」は、ロシアの通信社であるスプートニクSPUTNIKも報じた。

「BRICSが新通貨を作れば米国にグッバイ、100％の関税を発動＝トランプ氏」

トランプ氏は、SNS「Truth《トルース》 Social《ソウシャル》」で次のようにBRICS諸国のドル離れをけん制した。
「我々（アメリカ）が傍観している間に、BRICS諸国がドルから離れようとするという考えはもう終わりだ。我々はこれらの国々に対し、新しいＢＲＩＣＳ通貨《カレンシー》を創設したり、強力な米ドルに代わる他の通貨を支援したりしない、という約束を求める。さもなければ、（彼らは）１００％の関税に直面し、素晴らしい米国経済（に製品を売る）展開に別れを告げることとなる」

トランプ氏は（ここで）国際貿易において、米ドルに取って代わろうとする国は「米国に別れを告げる」だろうとも付け加えた。

（これに先立って）プーチン大統領は「ＢＲＩＣＳ共通通貨の創設を議論するのは時期尚早であり、現時点でそうした目標は掲げていない」と述べていた。「共通通貨の創設には、ＢＲＩＣＳ加盟国のさらなる統合と構造的類似性が必要だ」と説明していた。

なお、ロシアが行っている貿易は、（米ドルではない）3分の2が各国通貨で（それぞれ）決済されており、ＢＲＩＣＳ諸国の間では、その比率は88％に達している。

（スプートニク　２０２4年12月1日　注記は引用者）

前掲の朝日新聞と、このスプートニクの両方の記事にある「トランプのＳＮＳへの投稿」の原文を、以下に載せる。

@realDonaldTrump

The idea that the BRICS Countries are trying to move away from the Dollar while we stand by（我々が傍観している間に）and watch is OVER.

We require a commitment from these Countries that they will neither create a new BRICS Currency, nor back any other Currency to replace（取って替わる）the mighty U.S. Dollar or, they will face 100% Tariffs, and should expect to say goodbye to selling into the wonderful U.S. Economy.

They can go find another “sucker!” There is no chance that the BRICS will replace the U.S. Dollar in International Trade, and any Country that tries（それを試みる国は）I should wave goodbye to America.

8.96k　Reposts　35.5k　Likes　2024年12月01日 午前2:40

この証拠のトランプ投稿文を、私が原文に忠実に日本文に翻訳するべきなのだが、前掲の2つの記事で十分に足りている。

要するに、トランプが外側世界を脅している。そして取引、駆け引きに入ろうとする。トランプのやり口は決まっている。まず初めに、大きくドカンとカマして（Trump threat《スレット》 トランプ脅迫）、それから Trump deal《ディール》（トランプ取引）に持ち込む。世界は、そして私たちはこれからこの手口に慣れて、それを習熟することで対策を身につけなければならない。

トランプの文は、「……ドルから離れようなどという考えはもう終わりにして。……さもなければ100％関税をかけるゾ」と、凄《すご》みのある脅迫文である。

そして最後の1行は、「そういうことをしたら、（その国は）アメリカとの関係はバイバイになってしまうぞ。それでもいいのか」any Country that tries should wave goodbye to America である。

トランプはここまで面白いことを言っているのだ。こんなに正直に、裏表《うらおもて》なしでズケズケと、最高指導者本人が対外《たいがい》政策の大方《だい》針を簡潔に書いてしまうということは、これまでの世界政治の歴史の中でなかったことだ。この恐るべき分かりやすさは一体、何の所為《せい》なのか、と私は立ち止まって考える。するとやはり、アメリカは、本当はもう余裕がないのだなあ、という真実にブチ当たる。アメリカは、私たちが考えている以上にボロボロなのである。そして巨額の隠れ借金（累積の財政赤字）を抱《かか》えて身動きが取れないのだ。

これまでずっと威張《いば》り腐《くさ》って、超《ちょう》大国のフリをしてきたアメリカが、こんなに弱ってしまっている。このアメリカさまのおかげで（日本のお金を吸い上げるから）、この30年ですっかり貧乏になってしまった日本国の、われわれ貧乏に慣れきってしまった日本人からすると、このトランプの苛立《いらだ》ちは、そのままアメリカ国民の内側の困窮と困惑のせいなのだ、とハタと分かる。

このトランプの怒りの爆弾に対して、ロシアのプーチン大統領は、たじたじとなって「いやいや、そんなつもりは毛頭《もうとう》ない。ＢＲＩＣＳは、まだそんなに成長していないのだ、と言い訳《わけ》たらたらで、防戦一方で弱い態度に出た。プーチンはトランプにケンカを売る気はない。

ロシアとしては、今、抱えているウクライナ戦争で手いっぱいだ。ロシア兵が10万人も死んだ。そしてその3倍の30万人の負傷者を、ロシア国民は自分の身内や周囲に抱えている。だからプーチンとしても、どうしてもウクライナ戦争をさっさと停戦（シース・ファイア）しなければ済まないのだ。そうしないと、ロシア国民の不満と怒りが爆発しそうだ。どうしても、トランプにケンカの仲裁者（ミーディエイター　mediator）として、間に入ってもらわないと困る。

今のロシアは、たった1億5000万人しか国民がいない。国土だけものすごく大きくて、天然資源もたくさんある。それでもたった1・5億人だ。ソビエト連邦時代は、2億人いたのに。人口3・4億人のアメリカや、合計5億人のヨーロッパ（EU）と、ケンカ（戦争）をすることで手いっぱいである。

これに比べて、人口1・2億人もいるのに、日本は、だらしないことに戦後80年間、アメリカ様《さま》のお世話になって、卑屈に平身低頭するばかりだ。ものすごい額の資金（国民のお金）を払って貢《みつ》ぐことで、それでなんとか戦争に巻き込まれないで、貧乏を我慢に我慢でここまで平和で生きてきた。

それでもロシア政府の代弁《だいべん》放送であるスプートニクは、最後の1行で反撃する。「なお

（それでも）ロシアの対外貿易は、すでに3分の2が各国通貨（ドル以外の2国間通貨）で決済されており、BRICS諸国の間ではその比率は88％に達している」と。

猶《な》お、中国のトランプへの反撃は別の箇所で書く。

第3章

もはや株はカジノ（バクチ）だ

●なぜW《ウォーレン》・バフェットは株式を売って現金にしたのか

〝(ネブラスカ州)オマハの賢人《けんじん》〟とか〝投資の神様〟と長年、称揚《しょうよう》されるウォーレン・バフェット(94歳)が、自分のバークシャー・ハザウェイ社が保有する株を大きく売って現金化したことがニューズで話題になった。これを報じた記事を2本、載せる。

「ここにきてバフェットが「アップル株」を「なぜか大量に売却」していた事実が意味するもの」

鈴木林太郎(金融ライター)

2024年、大統領選挙を終えた米国経済はトランプ氏の返り咲きを契機に、株式市場が大きく動き始めた。ダウ平均株価は史上最高値を更新し、日経平均株価もこれに連動する形で4万円台回復をうかがう。しかし、こうした楽観的な市場ムードに対し、「オマハの賢人」ことウォーレン・バフェット氏が率《ひき》いるバークシャー・ハザウェイの動きは一線を画している。同社は、アップルをはじめとする主力株の大規模な売却を進めており、バフェット氏が米国経済に対して何を読み取っているのかが注目されている。(略)

バークシャー・ハザウェイが持っている銘柄

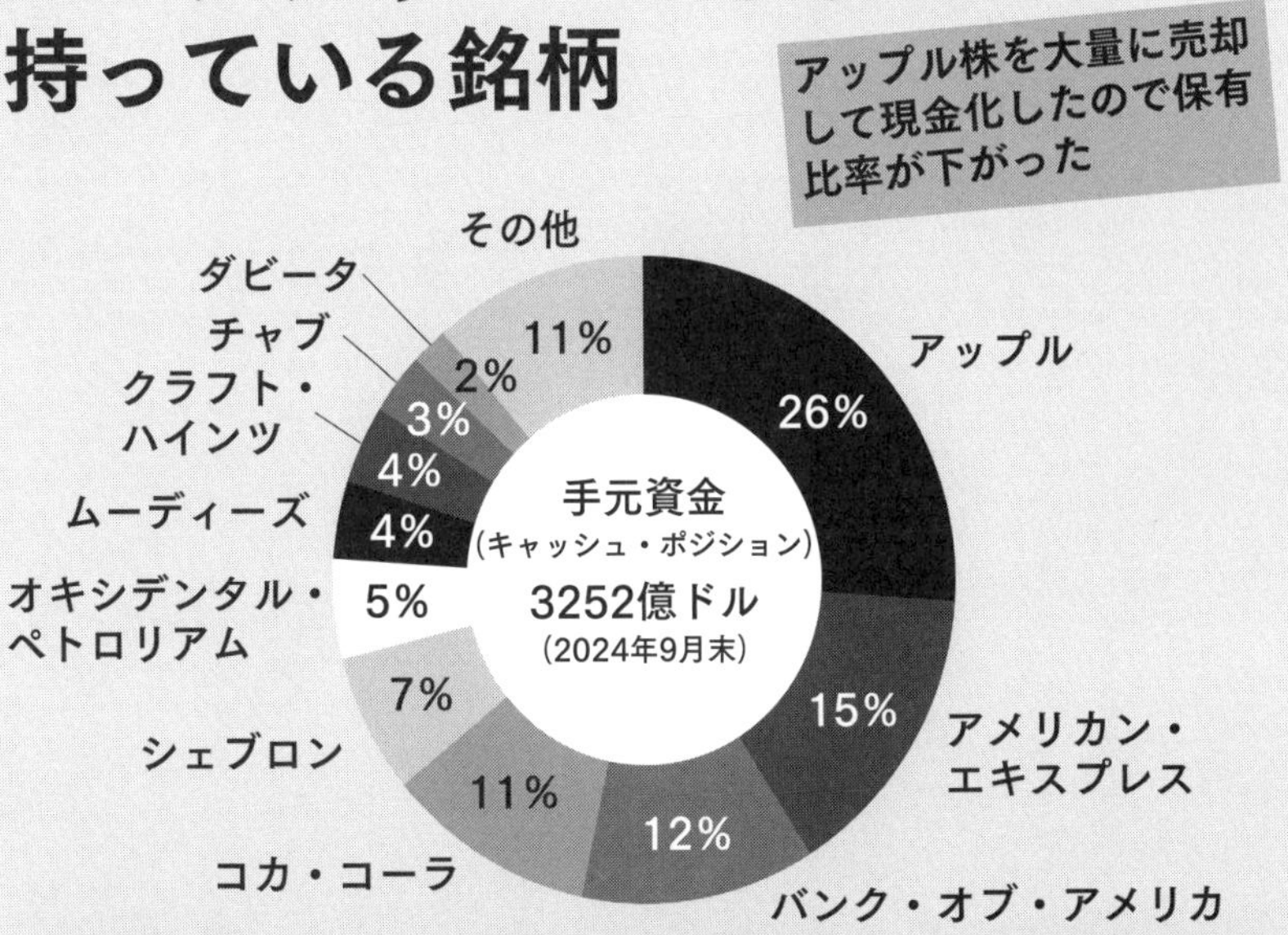

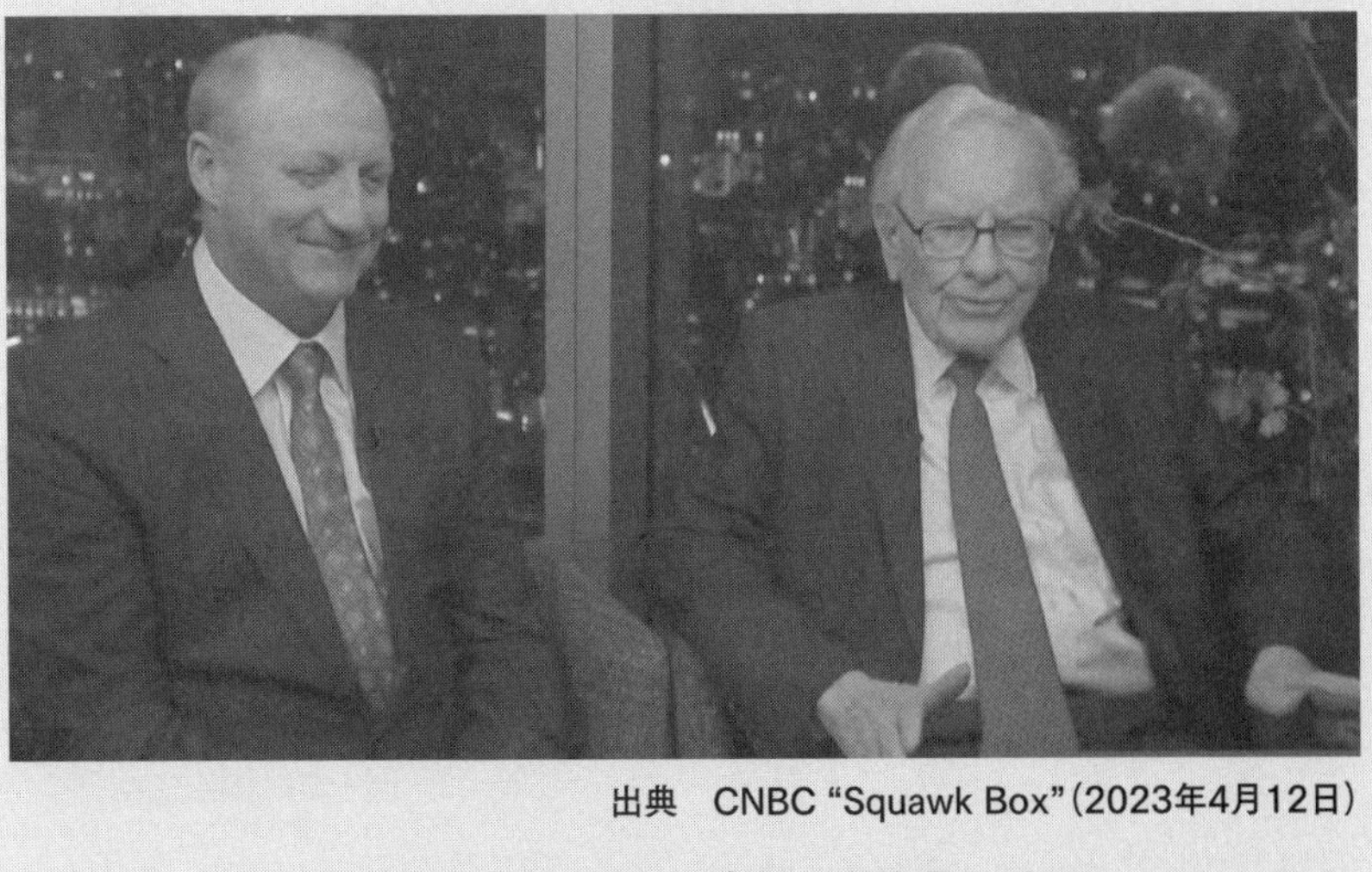

出典　CNBC “Squawk Box”（2023年4月12日）

ウォーレン・バフェットは、自分が引退したら、バークシャー・ハザウェイ副会長のグレッグ・エイベル（左。62歳）が後継者（CEO）になると公言した。

アップルは、これまでバークシャーのポートフォリオを象徴する存在。バフェット氏がアップル株を「消費財のようなブランド力を持つ企業」と評して以来、同社の株式は、長期保有の中心に据えられてきた。一時期、バークシャーの米国株保有額全体の（実に）半数を占めるまでになったアップル株。しかし2024年には、急速に売却が進んだ。

2024年第2四半期には、保有株数の49％を売却した。第3四半期にはさらに25％を手放している。結果として、2018年のピーク時に約11億株を保有していた同社の株式は現在、3億株まで減少した。株数ベースで見ると70％以上の削減だ。この規模の売却となると、単なる利益確定ではない。バフェット氏が（ニューヨーク株式）市場の状況に対して慎重な見方をしていることを示している。（略）

バークシャー・ハザウェイの売却益は、現金として積み上がり、2024年9月末時点でのキャッシュ・ポジションは3252億ドル（約49兆円）に達している。この額はバークシャーの運用資産全体の50・6％を占めており、一般的な機関投資家のポートフォリオと比較しても異例の高さだ。

（現代ビジネス　2024年11月21日）

この記事にあるように、バークシャー社は、アップルの株を大量に売却した。最大で11億株あったアップル株は、７割以上減って3億株になった。それでも、バークシャーが保有する株式銘柄の４分の１は今もアップルだ（P123の円グラフを参照）。このアップル株の3億株で約７００億ドル（10兆円）である。

バークシャーが保有する株式の時価総額は６５００億ドルで、ちょうど１００兆円である。非常に分かりやすい数字だ。アップル株を市場で大量に売ったことで、株式の売却益は積み上がり、キャッシュ・ポジション（手元の資金。現金）が３２５２億ドルになったのである。これがちょうど50兆円である。

アップル株の売却だけが、バークシャーのキャッシュを積み上げたわけではない。バンカメ（バンク・オブ・アメリカ）の株も売ってキャッシュにした。

94歳のバフェットは、自分の死に際《ぎわ》を心得て、これとアメリカ経済の先行きの危なさに対して、密かに対策を立てている。いざというときのために、50兆円もの現金をいつでも使えるようにしているのだ。このことが持つ意味を、私たちは真剣に考えるべきだ。

「米バークシャー、ＢｏｆＡ株を追加売却　売却総額70億ドル近くに」

米著名投資家ウォーレン・バフェット氏率いる投資会社バークシャー・ハサウェイが、米金融大手バンク・オブ・アメリカ（ＢｏｆＡ）株の売却をさらに進め、7月半ば以降の売却総額は70億ドル（約1兆円）近くとなった。

同社は、9月3～5日に１８７０万株のＢｏｆＡ株を売却し、約8億ドルを得たことを明らかにした。

ＬＳＥＧ（ロンドン証券取引所グループ）のデータによると、バークシャーはＢｏｆＡ株（の発行株式総数のうち）の11・1％を保有し、引き続きＢｏｆＡの筆頭株主。規制要件で、保有比率が10％を下回るまでは株式売却を当局に報告する義務がある。

バークシャーは２０１１年に50億ドル（７５００億円）の優先株を購入してＢｏｆＡへの投資を開始した。

（ロイター　２０２４年9月6日）

●バフェットが死ぬとき、大暴落になる

ウォーレン・バフェット（バークシャー・ハザウェイ）が、このように株式を売り急ぐのはなぜか。私は、94歳（今年の8月で95歳）のバフェットが、自分が死んだ直後に起きるであろう株の大暴落に対して、真剣に準備をしているのだと考える。賢人なのだから当然のことである。

バークシャーは今や世界大企業番付（レイティング）で第9位である（P221の大企業一覧を参照）。ついに時価総額で1兆ドル（150兆円）になった。バフェットはGAFA（ビッグtech《テック》）を15年前まで嫌っていた。それが一転して、大量に買った。それでGAFAの高騰につれて、自分も大金融法人になってしまった。だから、このことへの危惧と憂慮がある。それを示す記事もある。

「株価が史上最高値圏にあるなか、「投資の神様」は株価暴落を予想している？
ウォーレン・バフェットがアップル株を売却しまくっている理由とは」

バフェットが長年アップルを称賛してきたことや、94歳の自分が繰り返し嘆いてき

た（ことがある。もっと）ほかの投資機会を失ったことで、（新たに）別の計画を進めているのだ、と理解する人々もいる。彼らは、バフェットが本当に後継者に引き継ぐ準備をしているのか、（やがてやってくる）危機を予見しての現金確保なのか。憶測を巡らせている。

「異常な状況です……なぜこれほど（バークシャーが）現金を積み上げているのか、疑問を禁じ得ない」と、米金融サービス大手「モーニングスター」のアナリスト、グレゴリー・ウォーレンは語る。

同氏は、「バフェットがほかの買い手たちとの競争に難航している現状を踏まえると、従来の投資手法を象徴するような、次の大型買収をする準備をしているとは考えにくい」と述べた。（略）

バークシャーに投資しているダグラス・ウィンスロップのリサーチアナリスト、ジェフ・ムスカテロは、「バフェットの行動は、株価が高すぎるというバリュエーション（価格評価）だけが理由とは考えにくい。避けられない経営交代を前に、次世代に向けた態勢作りの好機と判断したのだろう」と分析する。

モーニングスターのウォーレンも同意見で、「今回の株式売却で得た現金は、バフ

日経平均株価（直近5年）

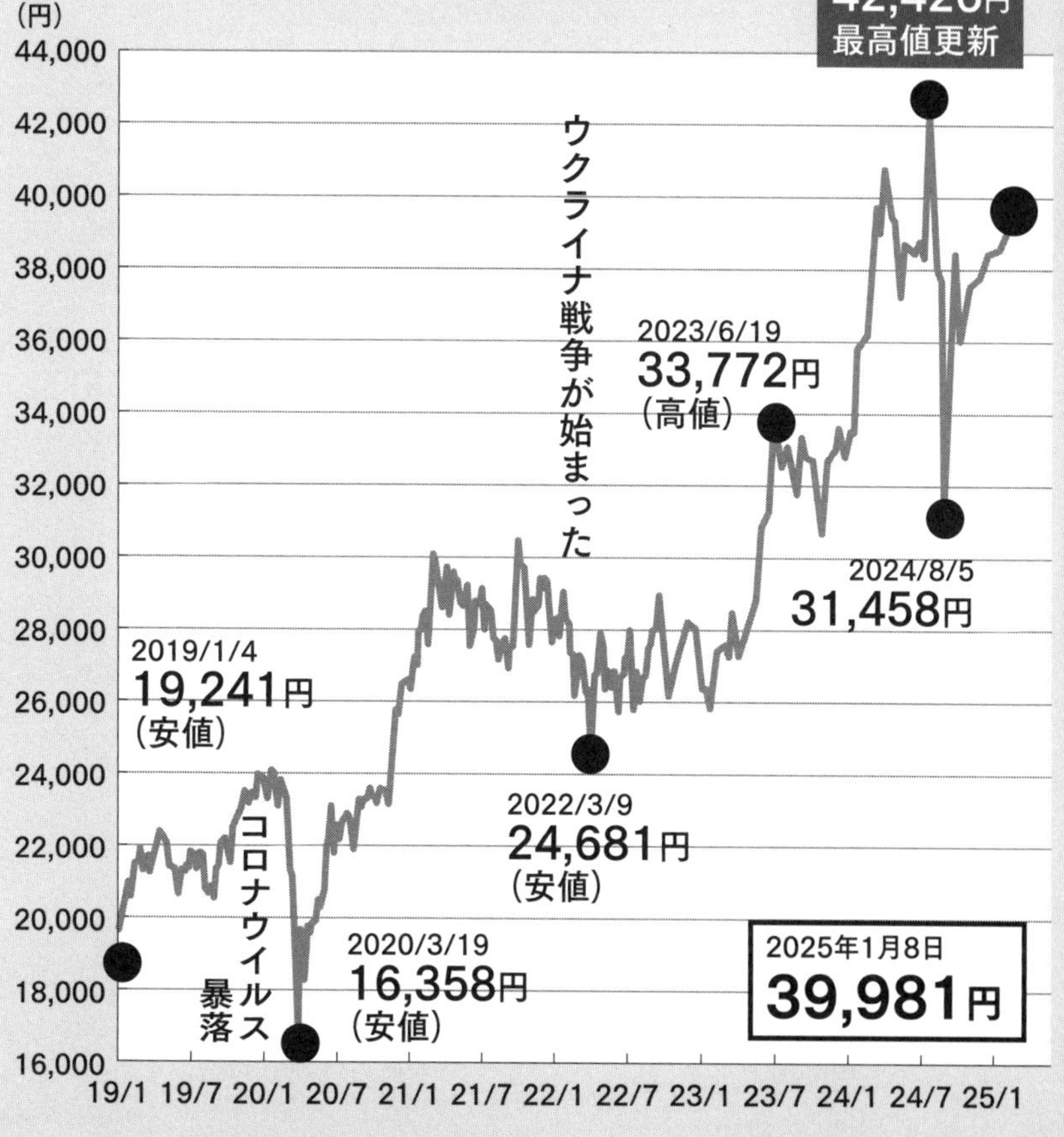

出典　Yahoo!ファイナンス

日本は我慢に我慢だ。アメリカが崩れるまで。どこの政府も今は株の利益で国民の年金を払うので、株を簡単には暴落させられない。

ェットの後継者とされるグレッグ・エイベル（62歳）が活用することになる」と語る。

「（バフェットは）最近、バークシャーとその将来に関して発言する際、以前より慎重になっている」とウォーレンは指摘。「自身の在任期間が（もう94歳で）限られていることを自覚し、後継者に不要な負担を残したくないのだろう」

「グレッグにできる限り投資資金を残したいのだと思う」と彼は付け加えた。バークシャーは常に潤沢な現金（キャッシュ・ポジション）を保持しており、これは巨大な保険事業（でもあるバークシャー）の将来の支払い請求に備えて、投資ポートフォリオに充分な流動性《リクイディティ》を確保する、という規制要件を満たす目的もある。

（クーリエ・ジャポン　２０２４年12月２日）

ここではっきりと、バフェットは後継者に十分な活動資金を残すために、いざというときのための現金を積み上げた、と書いてある。それで３２００億ドル（49兆円）も現金にして、じっと持っている。

この記事に名前が出てくる、グレッグ・エイベル Greg Abel（62歳）が、長年バフェッ

NY株 ウクライナ戦争は、あと半年で停戦（NYダウ 直近5年）

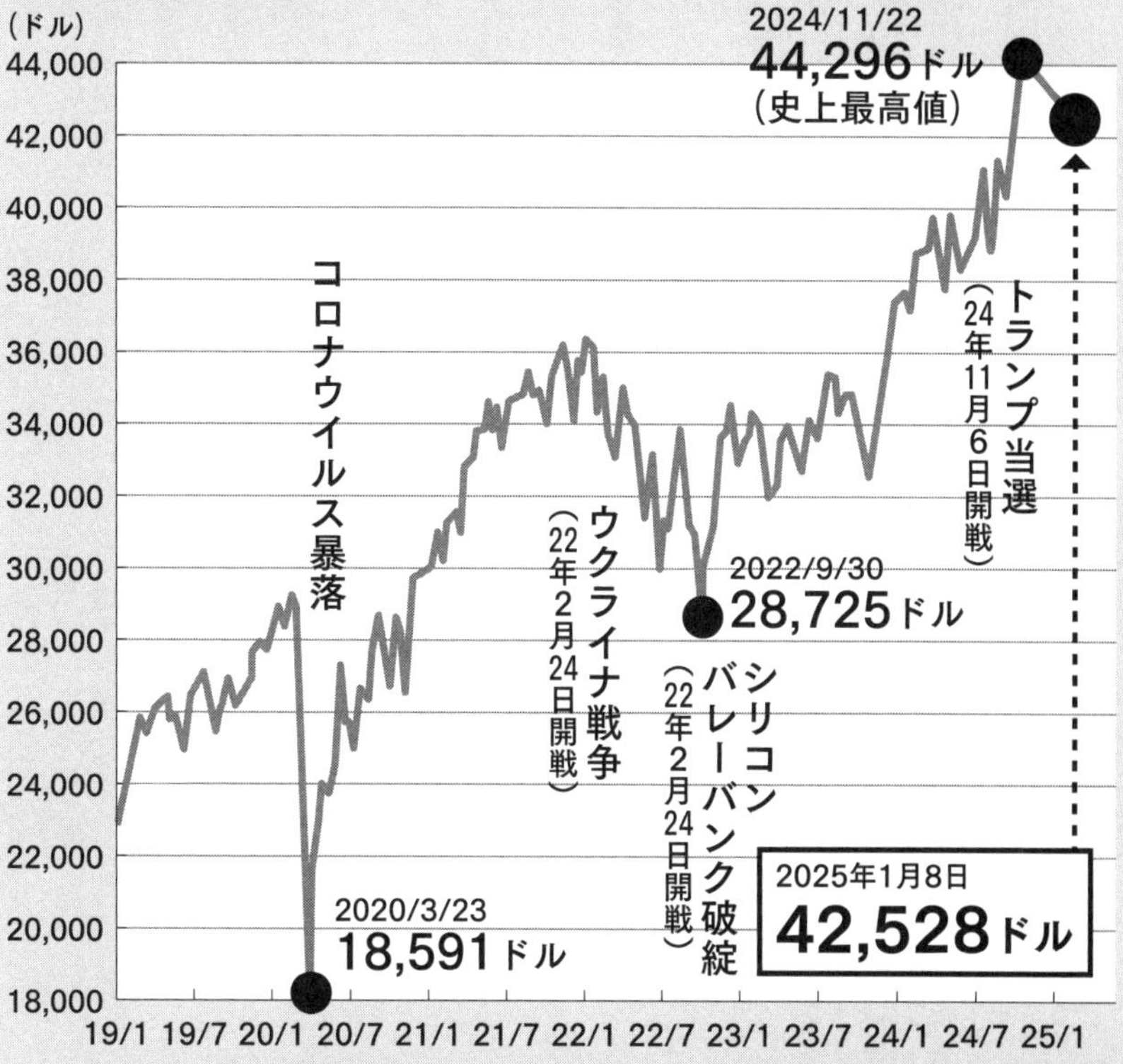

出典　Yahoo!ファイナンス

この4年で、ダウ平均株価は2倍以上も上がった。無理やり吊り上げたのだ。そのお金は、どこから生まれたのか。“オマハの賢人”ウォーレン・バフェット（94歳）は「私が若い頃とは比べものにならないほど市場はカジノ的な振る舞いを見せている。カジノは多くの家庭に浸透し、人々を日々誘惑している」と言った（日本経済新聞　2024年2月25日）。すなわち「株式（投資）は、もうバクチだ」と、バフェットは言った。

トに仕《つか》えてきたバークシャーの副会長である（2018年から）。バフェットのお気に入りである。投資家としての才能も十分ある、と判断している。このエイベル氏を、バフェットは「自分の後継者にする」と、3年前にCNBCテレビのインタビューで公言した。「私に何かあったら（死んだら）グレッグが（バークシャー社の）CEOになる」と。

バフェットは、前述したCME《シーエムイー》のレオ・メラメッドと同じように、間もなく死ぬ。そのときが、NYで金融変動が起きてアメリカ金融資本主義（フィナンツ・カピタリスムス）の危機のときだ。

●東京もNYも、株式市場はバクチ場と化した

さらに、バフェットの発言を続ける。バフェットは**「今や株（への投資）はカジノ（バクチ）だ」**とまで言った。普通の真面目《まじめ》に暮らす人々が手を出したら危険だ、という意味である。P133〜P134に載せる記事のとおりだ。2024年の1年間の、NY株式市場（東京も、だ）での高騰を危惧《きぐ》した。

NY株は、2024年1月の3万4000ドルから、年末の4万4999ドルまで、1

万ドルも上げた。これは、もはやバブルである。ただのインフレではない。バブルはいつか必ずハジける。ハジけて飛ぶ。Bubble bursts《バースト》. あるいはBubble pops《ポップ》. である。同じく東京の株価も（P129のグラフ参照）2024年の年初の3万2000円から4万円（7月2日）まで高騰した。その根本的な原因は、お札《さつ》（貨幣量、マネー・サプライ）と国債（国家の借金証書）の刷り過ぎで、それで政府が赤字財政を賄《まかな》うからだ。

だから暴落は目に見えている。NYも東京も、**次の株式暴落は3月**だ。

1年近く前のバフェット発言の記事だが、重要なのでここに掲載する。P129とP131に載せた株価（日経平均とNYダウ）のグラフを、よーく見ながら読んでほしい。

「バフェット氏、株高に警鐘　投資の神様「カジノの様相」」

「投資の神様」と称される米国の著名投資家ウォーレン・バフェット氏（93）が、歴史的な高値圏にある米国の株式相場を「カジノ的だ」と指摘して話題になっている。ニューヨーク株式市場のダウ工業株30種平均が史上初の4万ドル台に迫る中、急ピッチの株価上昇に警鐘を鳴らす。

先月（注。2024年2月）下旬に（バフェットが）公表した毎年恒例の「株主への手紙」で、こうした考えを明らかにした。10代で株式投資を始めた長年の経験を踏まえ、過去の市場急変に触れつつ「今の市場は私が若い頃とは比べものにならないほど、カジノ（注。すなわちバクチ場）的な様相を見せている」と強調した。

（共同通信　2024年3月16日）

バフェットが言うように、**もう株式市場は東京でもNYでも、賭場《とば》（博奕場《ばくちば》）なのである。**株式《ストック》市場（マーケット）も債券《ボンド》市場（ここで国　債《ナショナル・ボンド》が中心となって売買される）も、実体のない、水ぶくれだ。いったい、どこからそんな水ぶくれをさせるお金《カネ》が来て（生み出されて）いるのか。

まさしく政府（と中央銀行）が刷る、お札《さつ》（紙幣。通貨《カレンシー》。この他に信用貨幣《クレジット・マネー》としてのデジタル・マネーが存在する）と国債（本当は国《くに》の借金証書＝借用書のくせに、アメリカではこれを財　宝《トレジャリー》とまで言う）である。この2つの紙キレが、やがて大暴発する。

実体のない、実物による裏付け（バックアップ）のない紙キレのくせに、お札と国債が「お金《マネー》の王様《キング》」のような顔をしている。裏付け（保証《プレッジ》）があるとすれば、それは国家の信用である。国家（政府）が「大丈夫です」と保証（保障）しているからだ。その政府の信用《クレディビリティ》が揺らいだら、どうするのだ。だから、そのときはやっぱり、実体（サブスタンス）、実物《じつぶつ》性（タンジビリティ）のある金《きん》と銀《ぎん》に、私たちは頼るしかない。

あ、ひとつ書き忘れた。先述したウォーレン・バフェットは、昨年2月にネブラスカ州オマハで開かれた大集会で、毎年恒例で集まってくる1万人の信者たち（バフェットを信じて、投資して儲かった人々）に向かっての演説の中でこう言った。

「もし、私が死んで、そのあとに私の（バークシャーの）幹部たちが、私の言うことを聞かないで、私の意思（遺言）に逆らったときは、私はお化けになって出てくる（haunted《ホーンテッド》）ぞ」と言った。

　このような、人間として極上《ごくじょう》の発言ができる人が、やはり超一流の人間だ。バフェットは、穢《きたな》らしい、自分の目先《めさき》のカネのことしか考えない、NYの金融市場で蠢《うごめ》く金融ユダヤ人のことを嫌っている。それでも、自分（たち）も投資家だ。投資で儲けを出して、それで豊かなアメリカで裕《ゆた》かな暮らしをやってきた。

　バフェットの跡《あと》を継《つ》ぐグレッグ・エイベル（前記）が、バフェットの死後、バークシャーを上手に経営してゆけるか分からない。おそらくバフェットが一番恐れているのは、自分が死んだあとの、バークシャーの幹部社員たちの仲間割れによる内紛《ないふん》（内部抗争）であろう。それは金持ちじいさんが死んだあとに起きる、一族の相続争いとまったく同じものだ。

●「アメリカ経済のバブル崩壊は必然」

私が望んでいた記事が、遂《つい》に出てきた。アメリカ経済のバブル（現在の激しいインフレ）は、もうすぐ崩壊するという予測だ。

英の高級紙ＦＴ《エフティー》（フィナンシャル・タイムズ紙）の看板ライターのひとりであるラナ・フォルーハーという美人の記者（編集委員でもある）が、昨年11月16日に書いたものだ。ということは、トランプ当選のあとである。トランプ政権になっても、アメリカのバブル崩壊はくい止められないで、起きる、と。

この評論記事でフォルーハーは「私のことを以後、カッサンドラと呼んでくれていい」と、冒頭で啖呵《たんか》を切っている。カッサンドラとは、古代トロイア戦争のとき、自国のトロ

「私をカッサンドラと呼んでいい」

FT紙に「アメリカ経済のバブル崩壊は必然」と書いた、ラナ・フォルーハー（Rana Foroohar）

写真
本人のXから

カッサンドラ　エヴリン・デ・モーガン画（部分。1898年頃）

カッサンドラとは、ギリシア神話に登場するトロイアの王女で神殿に仕える巫女《みこ》。

予知能力を持ち、自国トロイアの滅亡を予言したが、その能力を授《さず》けてくれた神の求愛を拒《こば》んだために、彼女の予言は誰にも信じてもらえないようにされてしまった。トロイア戦争のあと、殺された。

フォルーハーは自分を、このカッサンドラになぞらえた。

イアの滅亡を予言して、のちに殺された預言者《よげんしゃ》、巫女《みこ》である。

「米経済のバブル崩壊は必然」

FT紙　ラナ・フォルーハー
（Rana Foroohar　グローバル・ビジネス・コラムニスト）

私のことを「（トロイア戦争での凶事の預言者）カッサンドラ」と呼んでくれていい。実際に（私のことを）そう言う人はたくさんいる。だが、筆者（私）は早くもトランプ次期政権下で、いつかは必ず起きる景気後退（大不況入り）を心配している。

確かに、今はトランプ氏による規制撤廃（deregration　ディーレギュレイション）と減税（tax reduction　タックス・リダクション）への期待で、つかの間の高揚感が市場を包み込んでいる。しかし、歴史に照らせば米国は景気後退《リセッション》と市場の大幅な調整に見舞われる。その時期が先延ばしされているだけであって、トランプ政権の誕生によってその（バブル崩壊の）リスクは一段と現実味を帯《お》びつつある。

筆者がこれほど早くから（米経済に）悲観的になっているのはなぜか。

M&Aも再びブームに

バイデン大統領がつくり出し、トランプ氏が引き継ぐ今の強い米経済は今後も拡大を続けると楽観できる理由は多くある、と反論するのは簡単だ。今のところ（アメリカの）実質所得（テイクホーム・インカム）は増加し、生産性（プロダクティビティ）も向上している。世界の製造業は回復に向かう見通しであり、もちろん利下げも予想されている。

ところがトランプ次期大統領は、財政赤字の拡大を顧《かえり》みずに、財政支出を増やすとみられる。バイデン政権下で進んだ反トラスト（独占禁止法）政策の強化を撤回する方針である。このことから、M&A（合併・買収）ブームが起きるのは間違いなく、よって米国の資産価格は今後1～2年は上昇するだろう。（略）

「金融危機発生すれば2008年より破壊的に」

トランプ氏は、すでに甘くなっている（産業界への）様々な規制をさらに緩和する可能性が高い。この点を考えると、（すでに危険な）高《ハイ》レバレッジ（投資倍率）になっているローンや未公開株（プライヴェット・エクイティ）投資が、年金や個人投資家の運用資産のかなりの割合を占めるようになっている。こうした投資の危険性が際《きわ》立《だ》つ。

こうした危険に、銀行の資本増強を巡《めぐ》る規制が大幅に縮小されることも加わる。金融の安定を目指す（ために設立された）米非営利団体「ベター・マーケット」Better Markets のデニス・ケレハー代表が懸念している問題だ。

ケレハー氏は「（これからの）トランプ政権下で、2年ほどは高揚感《こうようかん》に満ちた好景気が続くだろう。だが、その後は2008年（のリーマン・ショックの大《だい》金融危機）よりも、はるかに壊滅的な調整局面を迎える可能性がある。なぜなら、今の米国の金融システムは本質的に搾取的《さくしゅ》（暴利《ぼうり》を貪《むさぼ》る）につくられているからだ」と指摘する。

（ビットコインなどの）暗号資産《クリプト・アセット》も、金融危機の引き金となり得る。暗号資産には、本質的な価値はない。それなのに、コロンビア大学のジェフリー・ゴードン教授（法律学）は、「現実世界の資産や負債が暗号通貨建てで取引されるケースがどんどん増えれば、それが実体経済に影響を及ぼす」と懸念する。

「（法定通貨に連動する）ステーブルコインは、（現在の）額面を大幅に下回ることになる。プライム・マネー・マーケット・ファンドでも以前、同じことが起きた」と、ゴードン教授は言う。

そして、暗号資産市場で、もし流動性の危機（お金《かね》の動きが止《と》まることで経済が麻《ま》痺《ひ》すること）が起きても、この（今のアメリカの金融）市場に「最後の貸し手《ラスト・リゾート》」（最後の助け舟になる団体）はいない。つまり、（そのとき、それまでに積み上がった）多額の「仮想価値（ヴァーチャル・ヴァリュー）」が消滅し、現実世界《リアル・ワールド》では、あちこちで担保《プレッジ》（差し出されていた保証金や抵当権付きの不動産）の没収や資金《ファイナンス》ショートが起きることになる。

（ＦＴ紙　２０２４年11月18日）

●アメリカは「トランプ恐怖政治」のさ中にある

なかなか良い文章である。我《わ》が意を得たり、の名文だ。ここまではっきり、すっきりと「米経済はバブル崩壊する（だろう）」とＦＴ《エフティー》の名物記者に書いてもらうと、日本にいてあまり業界に相手にされずに、か細い思いをしながら金融本をしぶとく書いている私、副島隆彦としては心強い。自分の考えを補強してもらえる。ほら、ご覧なさい。こういう冷静な意見が、世界の一流紙にちゃんと載っているんだよ、と。

それでも、このラナ・フォルーハー女史は、イギリス人だから書けるのだ。冷《ひ》ややかにアメリカを見下すように書ける。これがイギリス人の強みだ。アメリカは250年前までイギリス（大英帝国《グレイト・ブリテン》あるいは英国連邦《ブリティッシュ・コモンウエルス》）の植民地だったからだ。

さらに加えて、フォルーハーが女だから、このように明《あか》らさまに書けるのだ。男の記者たちには書けない。とくにアメリカの、男の第一線の金融・経済ライター（記者）たちは書けない。今、こういうように「アメリカは明らかにバブルで、もうすぐハジけ飛ぶ」と書くと、勢力に睨《にら》まれるからだ。単に、トランプ政権の実務の側近《そっきん》に睨まれる、だけでは済まない。「お前は、まだ私たちに逆らう気か。このディープステイトのお先棒担《さきぼうかつ》ぎ（ヘンチマン henchman）めが。痛い目に遭《あ》わせてやろうか」となる。

だからアメリカ人の評論家や記者たちは、今、ブルブルと震《ふる》えている。これまでに、「これでもか、これでもか」というぐらいに、トランプの悪口やトランプ派の政治家、財界人たちを鼻で嗤《わら》って、貶《おとし》めて、貶《けな》すことばかり書いてきたからだ。

今や立場が、逆転どころか大逆転してしまった。これを英語で trading《トレイディング》 places《プレイイズ》 と言う。座っている位置（立場《プレイス》）が入れ替わってしまった、という意味だ。いいかと思って相手に攻めかかって、いたぶっていた者が、急に立場がひっくり返ってしまって、今度は自分が攻められる側に落ちてしまった。

もっと非道《ひど》くなると、今の職場を追われて（解職、クビ）訴えられるからだ。さらには、刑事起訴《きそ》（indictment エンダイトメント）されて有罪になって、牢屋《ジェイル》（刑務所《プリズン》）に入れられるかもしれないのだ。イヤ、本当に今のアメリカは、目下《もつか》そういうトランプ恐怖政治のさ中にあるのである。

土下座するＧＡＦＡＭＳの経営トップ

このことを日本人に平易に伝える者が、誰もいない。だから私が書くしかない。

このことは、あとのＰ210に載せた、今のアメリカの巨大通信会社であるＧＡＦＡＭＳ《ガーファエムエス》（ビッグテック）の経営トップたちが、トランプの怒りの復讐心に燃えた剣幕《けんまく》の前に、ヘコヘコして「お願いです。私を刑務所に入れないでください」（代表。メタ・フェイスブックのマーク・ザッカーバーグ）と、トランプにすり寄って貢《みつ》ぎ物《もの》（政治献金）を捧《ささ》げ、平謝《ひらあやま》りに謝って、土下座して「ゴメンなさい。私が悪うございました。もう逆らいません」と、ass-kissing（アス・キスィング。Ｐ211に図）で強い者のケツ舐《な》めをしているのと変わらない。

イヤ。社員（世界中で）30万人を抱えている巨大企業の経営者に比べれば、花形《はながた》の人気記者や評論家《クレティーク》など、吹けば飛ぶような存在の個人であるから、どうということはないだろう。それでも、このメディア（テレビ、新聞、ネット）で番《ばん》を張っている世界的な有名言論人たちであるから、彼らの存在もバカにはできない。このメディアもまた、ディープステイトの一角であるから、軽くはない。

今、彼らの命運《めいうん》が決まりつつある。彼の言論人生の勝負が決まって、敗残者としてテレビ、新聞から外され、落ちぶれて誰にも相手にされなくなる瀬戸際に今、彼はいる。

こういうときには、女が表面に出てきてガンバる。男たちは尻尾《しっぽ》を捲《ま》いてシュンとなって後《うし》ろに引っ込む。

だからここでラナ・フォルーハーが出てきて、同じFT（フィナンシャル・タイムズ）の中で女番長《ばんちょう》として番を張っている、あのジリアン・テット女史と、女どうしの意地の張り合いをする。こういうときは、女たちは知らん顔をする。FTの、まさしくディープステイトの看板記者たち（代表。マーティン・ウルフ）は、正面からトランプのことを書

ビッグテック企業の株価 直近1年。GAFAMSにNVIDIAを加えた
(P221に巨大企業の番付表あり)

グーグル　197ドル

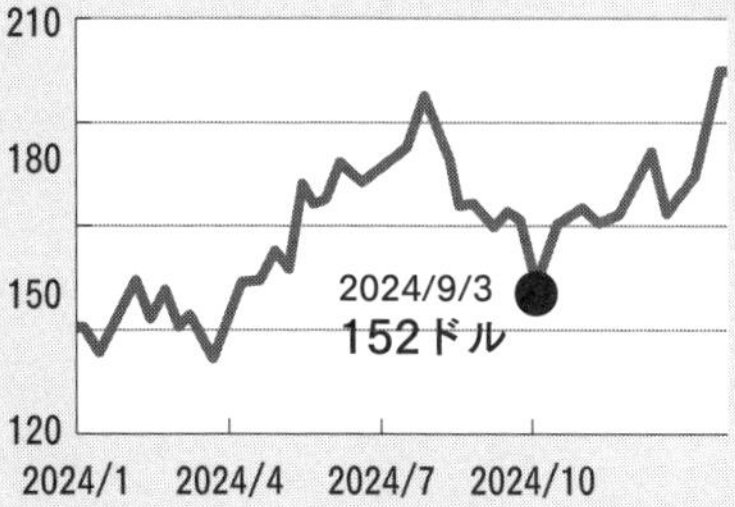

アップル　253ドル

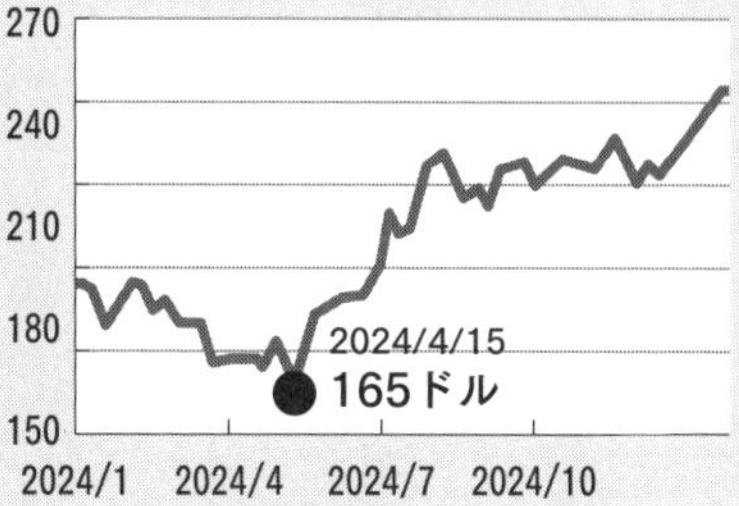

アマゾン　231ドル

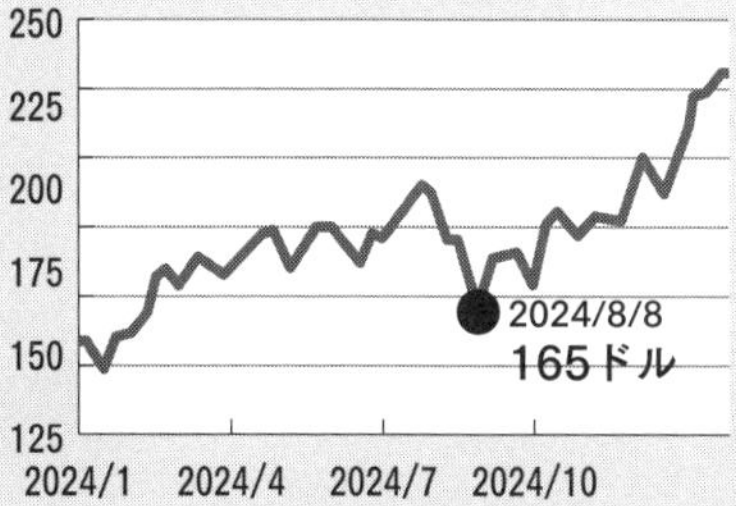

マイクロソフト　454ドル

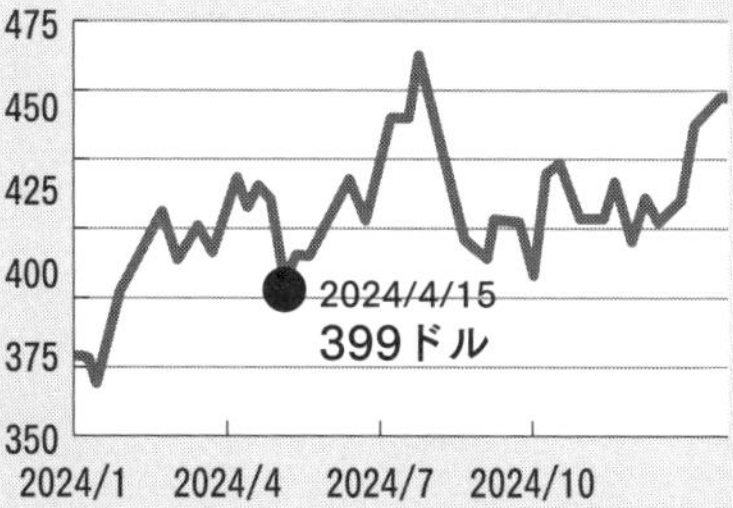

メタ　619ドル

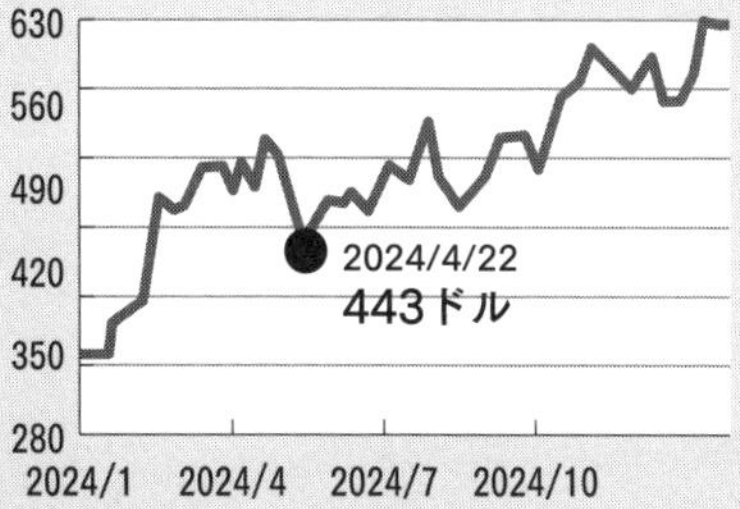

エヌビディア　130ドル

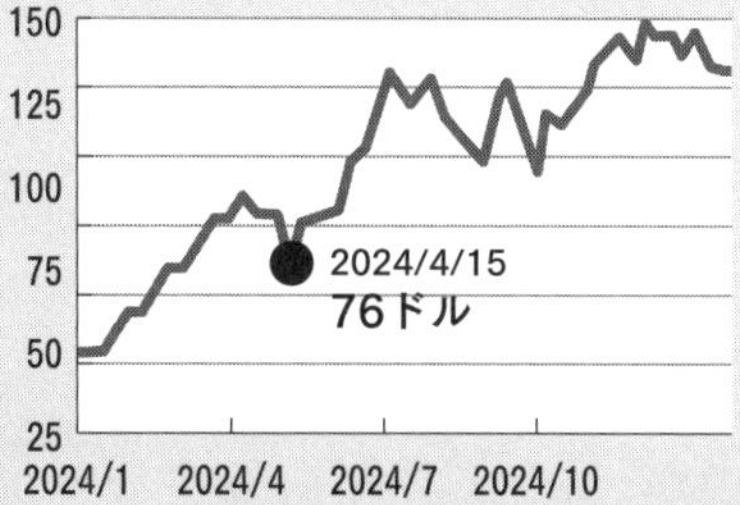

出典　Yahoo!ファイナンス

注。企業名の下の数字は日本時間で2024年12月18日の株価。グーグルは持株会社アルファベットのクラスA(議決権がある株式)の株価である。

く元気もない。自分の足元にまで迫っている、切実な人生（生活）の、今後の身の振り方を考えなければならない。

もうこれぐらいにしましょう。要するに、「米経済のバブル崩壊は必然」なんですよ。あとはＧＡＦＡＭＳ（ビッグテック）どもの「トランプケツ舐め」の話（Ｐ212〜Ｐ213）につながってゆく。

●「マグニフィセント・セブン」の限界が見えた

ここで、その前触《まえぶ》れとして、これらアメリカのビッグテック（巨大テクノロジー企業）がどれぐらい巨大か、各々《おのおの》の株価のグラフをＰ145に載せます。これらＧＡＦＡＭ（グーグル、アップル、フェイスブック、アマゾン、マイクロソフト）に、エヌビディアとテスラの2社を加え、今は褒《ほ》め讃《たた》えてMagnificent 7「マグニフィセント・セブン」と言う。

この「マグニフィセント（勇壮で華麗な）7人」というコトバは、映画「荒野《こうや》の七人《しちにん》」（1960年作）の原題である。これは、開拓時代の本当の庶民の泥臭さを描いた西部劇

（ウエスタン）映画である。大ヒットした、スパゲッティ（イタリアの意味。日本ではマカロニと言った。ウエスタン）映画の代表作だ。このハリウッド製の「荒野の七人」は、実は日本の巨匠、黒澤明《くろさわあきら》監督の「七人の侍《さむらい》」を焼き直したリメイクものである。

そろそろ、これらアメリカの巨大通信企業どもの、株式資産の膨張（NY市場での）も、限界、頂点に達するだろう。前述したとおり、レオ・メラメッドとウォーレン・バフェット（P39とP123の写真）が、もうすぐ死ぬ。そのとき大暴落が起きて、アメリカ金融資本主義が終わる。

副島隆彦の理論と予言に従えば、水ぶくれの限界まで来たアメリカの金融市場は、大爆発して収縮する。

●年金資金の運用で9兆円という大赤字を出した

日本国民の年金の資金を運用する仕組みがある。国民から、老後の年金として給料（賃金）から強制的に天引きして集めたお金《かね》を、株式や債券への投資で運用している。それが

ＧＰＩＦ《ジーピーアイエフ》（Government《ガヴァーンメント》 Pension《ペンション》 Investment《インヴェストメント》 Fund《ファンド》 年金積立金《つみたてきん》管理運用独立法人）である。

このＧＰＩＦ（昔は年福《ねんふく》。年金福祉事業団）が、外国の債券（大半が米国債）と株式への投資運用で９兆円という大赤字を出した。悪びれもせず堂々と発表した。誰も責任を取る者がいない。ブルームバーグが報じている。

「GPIFが9兆円超の運用赤字に、内外株の不振が影響　7－9月」

年金積立金管理運用独立行政法人（ＧＰＩＦ）は11月1日、２０２４年度７－９月（第２四半期）の運用収益率が、マイナス３・57％だったと発表した。収益率のマイナスは、２０２０年１－３月（マイナス10・71％）以来の大きさだ。外国株式・外国債券の運用収益が円高（に動いたこと）により相殺《そうさい》されたほか、国内株の下落も影響した。

発表資料によると、資産別の収益率では、国内債はプラス１・42％となった。だが外国債はマイナス５・51％。国内株がマイナス４・92％。外国株がマイナス５・35％と不振だった。同四半期の運用損は９兆１２７７億円で、赤字は４四半期ぶり。９月

米ゴールドマンが、日本国民の大事な年金資金を平気で堂々と運用している

GPIFの運用資産残高
（2024年9月末）

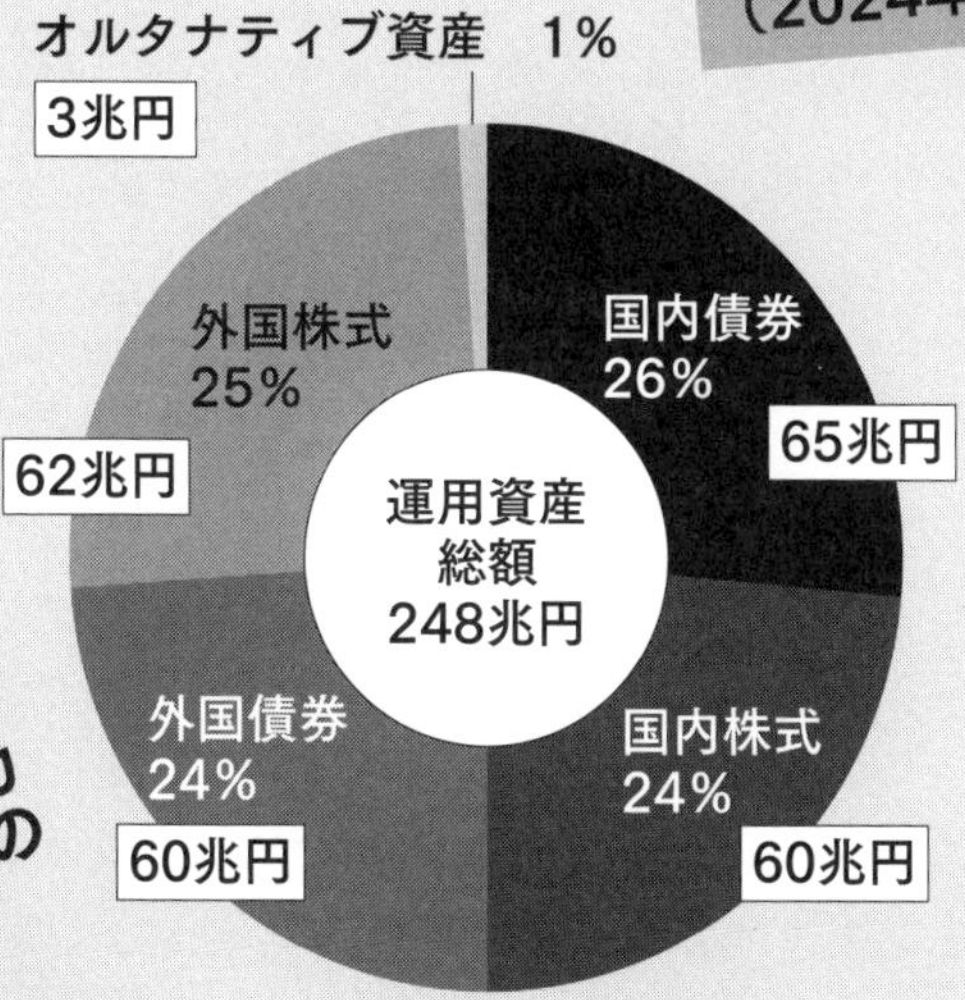

半分はアメリカの株と債券に投資

写真　GPIFのHPから

今の理事長（CIO。最高投資責任者）は、ゴールドマン・サックス出身の植《うえ》田《だ》栄《えい》治《じ》（56歳）である。「GPIFの年金積立金が本格的に使われるのは、何十年も先になります」と、堂々と言っている。

コンサルと運用の両方をやるから、利益相反《そうはん》の金融犯罪である。

← クソ、この野郎

末の時点で運用資産額（の残高）は、２４８兆２２７４億円となった。

ＧＰＩＦは世界最大規模の年金基金である（注。政府系年金ファンドと言う）。国内外の株式と債券に幅広く投資しており、収益動向は市場参加者の関心を集める。運用成果（老齢の国民に支払われる）は厚生・国民年金の給付財源の一部になっている。

ＧＰＩＦは、主《おも》に内外の債券・株式という４つの資産に約25％ずつ投資している。第２四半期の運用では、国内債（日本国債や公社債《こうしやさい》）の比率が、６月末の25・85％から26・74％に上昇した。一方、国内株は24・37％から23・98％に減少した。

投資先の米国や欧州の株価は、第２四半期の期間中には上昇していた。ところが、円相場が対米ドルで６月末の１６０円86銭から９月末には１４３円４銭になるなど、欧米通貨に対して高くなった。


（ブルームバーグ　２０２４年11月１日　傍点は引用者）

記事にあるように、ＧＰＩＦは、２４８兆円の運用資産の残高を持つ「世界最大規模の年金基金《ファンド》」である。そして、その運用結果（成績）が９兆円の損なのだという。何を言っているのだろう。誰も何も、このことを議論の的《まと》にしない。世界2位は、ノルウェー国のGovernment Pension Fund だ。

日本国民が国民年金（老齢基礎《きそ》年金。20歳から60歳の全国民が入る）と厚生年金（老齢厚生年金。会社員や公務員が、ほぼ強制的に加入）で納《おさ》めた保険料を積み立てて、それを基金《ファンド》として株式や債券に投資して運用している。その運用収益が、将来の年金の給付《きゅうふ》に使われる仕組みになっている。

●払った保険料が全額戻ってくるわけではない

私は、このＧＰＩＦの危険きわまりない外債での投資を、本書「エコノ・グローバリスト・シリーズ」で、これまでの20年間、何度も何度も書いて説明してきた。「年金積立金管理運用独立法人」などと言うから、多くの日本人が理解できない。私たちは、老人になってから受け取る年金を「積み立てて」いるわけではない。積立なら、郵便貯金や銀行預金と同じように、納めた分（積み立てた分）の全額が戻ってこなければならない。銀行なら利息も付く。

ところが、日本の年金制度（公的年金。厚生年金と国民年金）は、「積立方式」になっていない。お金を積み立てているのは国民ではなく、ＧＰＩＦのほうである。国《くに》（日本年金機構）は、現役世代（働いている人たち）が納める保険料を元手《もとで》にして、その時の高齢者（老人）たちに年金を給付している。これを「賦課《ふか》方式」と言う。

だから、今、年金の保険料を払っている人たちが、65歳の老後（老人1年生である）になって受け取る年金は、何十年後かのそのときに働いている人たち（今の子供や孫たち）が納める保険料が原資《げんし》（財源）になる。すなわち、自分が払い続けた年金保険料は、そのままでは返ってこないのである。

ＧＰＩＦは「年金積立金管理運用独立行政法人」などと名乗るな。ＧＰＩＦを日本語訳したら、**「政府（による）年金（を）投資（する）基金」**である。国《くに》が金融バクチをやっているのである。投資だから損もする。現に昨年の決算では、前掲の記事のとおり9兆円の損失であった。

年金はどんどん減らされている

厚生年金（国民年金を含む）の平均額の推移。会社員や公務員男性の場合。2000年度～2021年度の22年間分

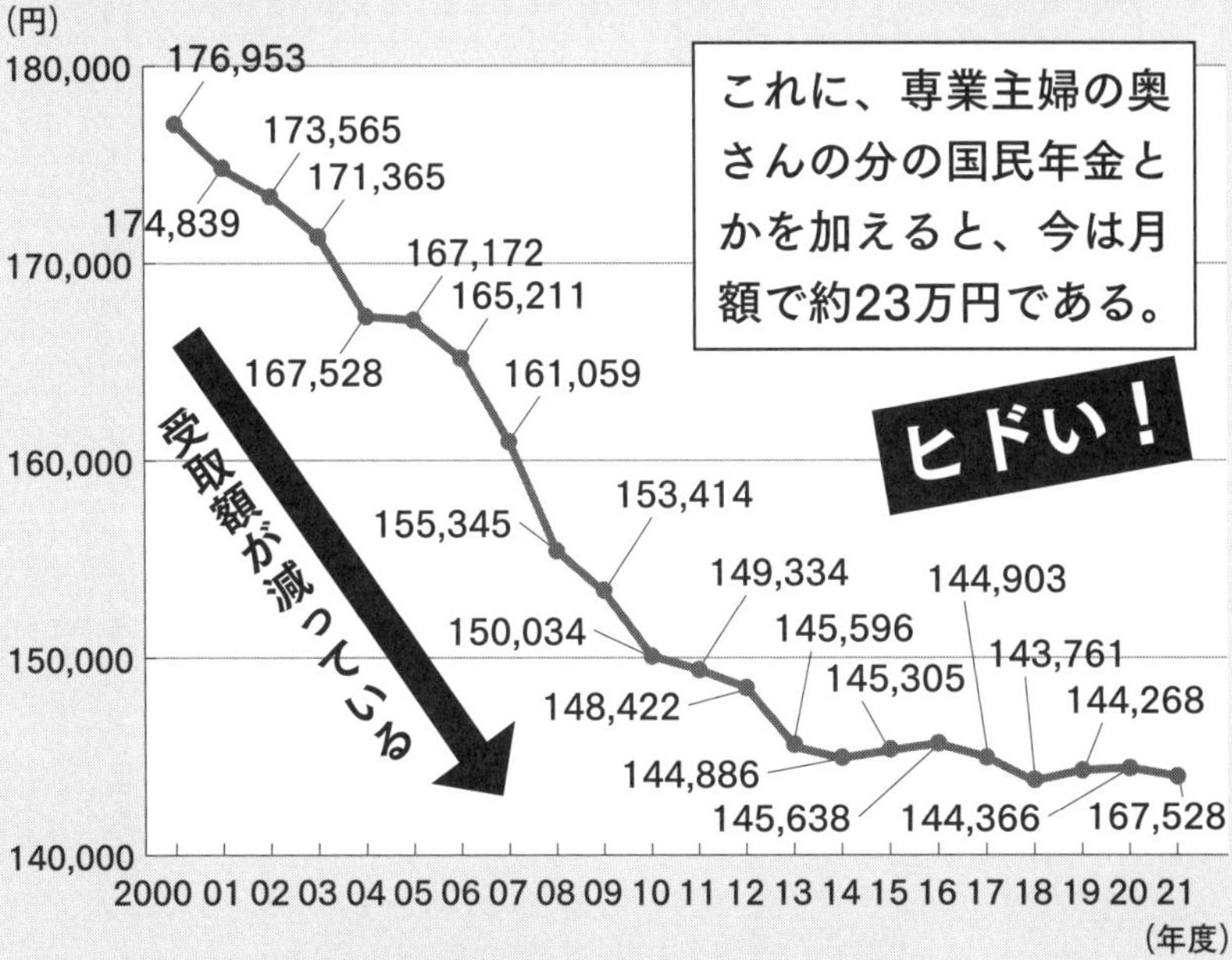

出典　Mocha(https://fpcafe.jp/mocha/3784)
厚生労働省「厚生年金保険・国民年金事業の概況」より舟本美子氏作成

「年金給付水準2割減、33年後　現役収入の5割維持、財政検証」

厚生労働省は7月3日、公的年金の将来の見通しを示す財政検証結果を公表した。経済成長が現状に近い場合でも、33年後の年金受給額は現役世代の手取り収入に対して5割を維持する見通しが示された。給付水準は現在よりも約2割目減りする。現状より高い経済成長を達成できれば、約1割減で抑えられる。女性の労働参加が進んだことで、前回の2019年検証から水準はやや上がった。制度の支え手となる人口構成は、在留外国人の増加で少子化を補う形とした。

（毎日新聞　2024年7月3日）

●日本の年金資金がアメリカに使い込まれている

今のＧＰＩＦの理事長（ＣＩＯ《シーアイオウ》。Chief《チーフ》 Investment《インヴェストメント》 Officer《オフィサー》 投資最高責任者）は、露骨なことにゴールドマン・サックス出身の植田栄治《うえだえいじ》（56歳。Ｐ149に写真）である。なぜ、アメリカのゴールドマンに運用を任せるのか。恐ろしくて、政府関係者も政治家（国会議員）も、誰もこの点を追及しない。言及（発言）したら、殺されるだろう。

植田はＧＰＩＦのウェブサイトで、こんなことを言っている。

「いつ頃この年金積立金が使われるかというと、本格的に活躍し始めるのは何十年も先になります。日本では少子高齢化が進んでいるので、このままだと高齢者世代に給付するために現役世代が納める年金保険料が少なくなってきます。そこで、将来の世代への年金給付に必要な財源を得るために、ＧＰＩＦが積立金を運用して増やしていき、将来の年金財源の不足分をそこから取り崩して補《おぎな》っていく仕組みを考えているということになります」

コラ、ゴールドマン、何を言うか。「将来の不足分をそこから（運用益から）取り崩していきます」は嘘だ。すでにＧＰＩＦは、自分がこれまでに積み立てた基金を、実際に「取り崩している」のである。目の前にある資金を使い込んでいるのだ。「将来の不足分」もへったくれもない。タコが自分の足を食べているのと同じだ。積み立てた基金はどんどん減っている。

だから年金の給付額は、Ｐ153のグラフのとおり、どんどんガンガン減らされている。男ひとりで、40年勤めて（65歳で）月額たったの14万４０００円である。これに配偶者（奥さん）の分を加えて、２人で月額23万円である。こんな少ないカネで1カ月暮らせるわけがない。

欧米の先進国では、40年も勤務すれば、夫婦２人で月額50万円ぐらい貰《もら》っている。どうして日本は、年金額がこんなに低い（安い）のか。それは、アメリカに秘密でガブガブとぶったくられているからだ。

ここで10年以上前の、２０１３年の新聞記事を載せる。

「公的年金、５年連続で積立金取り崩し」

公的年金を運用する年金積立金管理運用独立行政法人（ＧＰＩＦ）は、４月１日、２０１３年度の予算や資金計画を公表した。団塊《だんかい》世代の受け取りなどで増えた給付をまかなうため、積立金を４・６兆円取り崩す。２０１２年度に比べて取り崩し額は減る。保険料や税金で足りない分を穴埋めする異例の事態が続いている。

取り崩しは、２００９年度以来５年連続。公的年金は毎年入ってくる保険料と税金で給付をまかなう。以前は保険料・税収と運用益で積立金が増えていた。しかし、この５年は低成長や年金受給者の高齢化、団塊《だんかい》世代の大量退職などで毎年の収入だけでは給付がまかなえず、ＧＰＩＦが積立金を取り崩し資産を市場で売却して支払いに充《あ》てている。

２００９年度の取り崩し額は約４兆円、２０１０年度は６兆円。２０１２年度は当初、政府が年金交付国債をＧＰＩＦに引き受けさせて、一時的に８兆８千億円まで膨《ふく》らむ。この想定が、当時野党だった自民党の反発で撤回された。それでも取り崩し額は６兆４千億円に達した。

厚生労働省は今後、厚生年金や国民年金の保険料が引き上げられるのにあわせ、ＧＰＩＦの年金積立金の取り崩し額は減っていくとしている。

（日本経済新聞　２０１３年４月１日　傍点は引用者）

今から12年前の２０１３年から、すでに年金の取り崩し運用は始まっていたのだ。国は国民に年金を支払うために、運用利益が思ったように上がらないものだから「ＧＰＩＦの年金積立金の取り崩し」を行なってきた。それで、Ｐ153のグラフで示したとおり、**年金の支給額は、この20年で、月額の給付金が３万３０００円も減っている**。これからも減り続けるだろう。

念のため繰り返す。40年働いたサラリーマンや公務員が、国民年金と厚生年金で、月にたったの14・４万円しか受け取れない。これに奥さんの国民年金を足しても、月額たったの23万円だ。このような夫婦を厚生労働省は「モデル世帯」と呼んでいる。

年金は加入期間の長さや収入で個人差があるが、そんなものはたいした額ではない。ここでは年金支給額の細かい計算式などは説明しない。

実は、公務員たちは今も密かに別枠、別立ての年金になっている。10年前に厚生年金と共済年金（公務員用）の区別をやめて「一本化」したときに、この垣根《かきね》が取っ払われたことになっている。

だが今も、公務員たちへの優遇は秘密で続いている。公務員は、戦争前は官吏《かんり》と言った。そして彼らだけに存在した恩給《おんきゅう》という制度が有《あ》った。この恩給法に基づく優遇は今も続いている。小学校の校長や消防署長まで勤め上げたような公務員たちは、月額40万円とかの手厚い年金を黙って貰っている。

そして最も悪質なことに、GPIFは、P149の円グラフにあるように、運用資産の実に半分（50％）を、外国すなわちアメリカNYの株式と債券（米国債）に投資している。恐るべきことである。日本国民の死活の年金が、危険きわまりないNY《ニューヨーク》で運用されているのだ。ゴールドマンによって。

NY発の大恐慌（株式暴落）がやがて襲い来て、『米国債の巨額踏み倒し《デット・リストラクチュアリング》で金融統制が来る』（2024年8月、徳間書店刊）で私が書いたとおり米国債が信用を無くして紙キレになれば、GPIFの運用資産のうち100兆円が消えてなくなる。

人口減少が進む日本で、貧しい老人たちを待ち受けるのは、暗黒の老後である。

●農林中金も1兆5000億円の大赤字

全国600万人の農家（実際に農業をやっているのは100万人もいない）のお金の実情もヒドいものだ。

農林中金の運用資産残高

(2024年9月末)

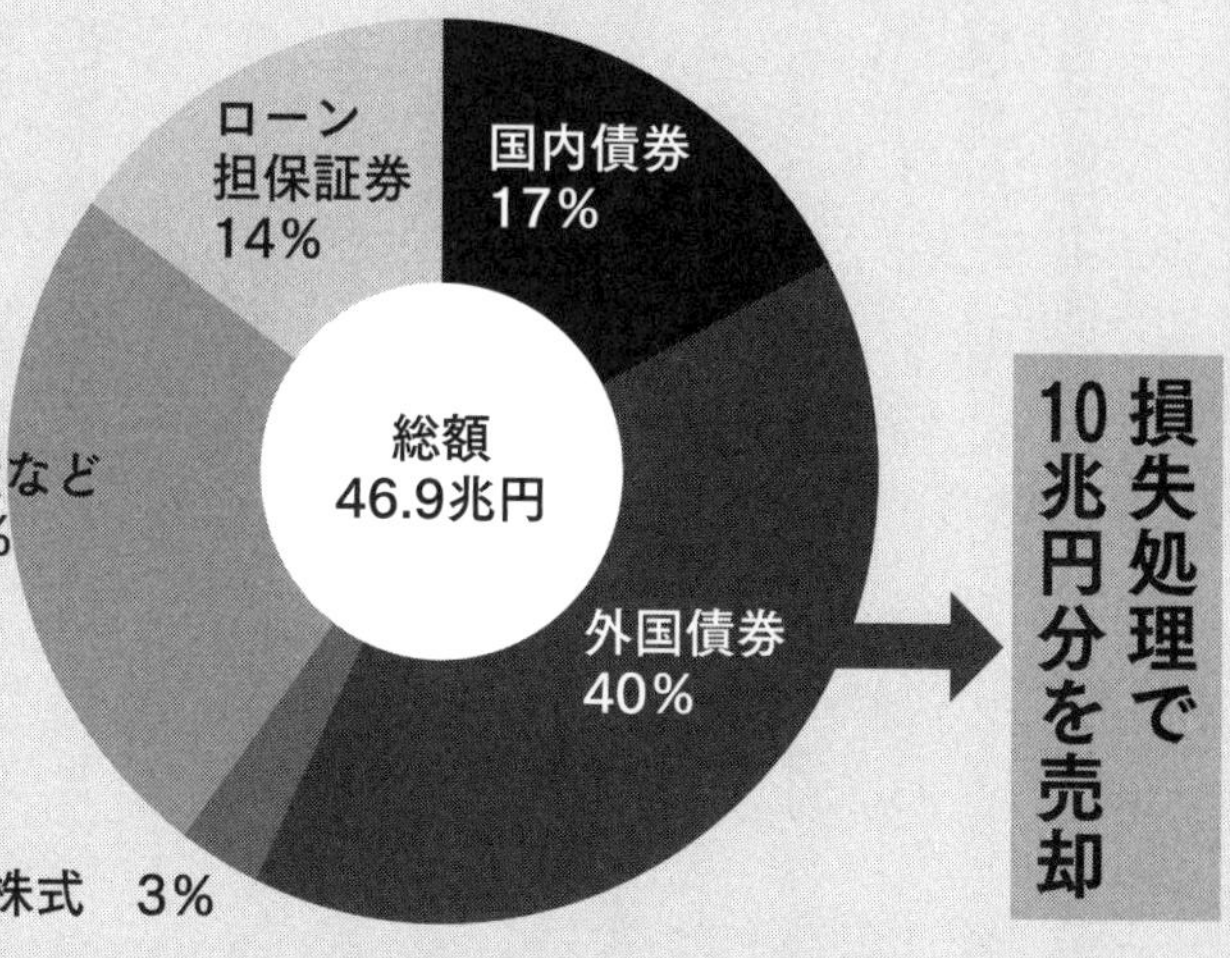

債券の評価損益。含み損が続いている

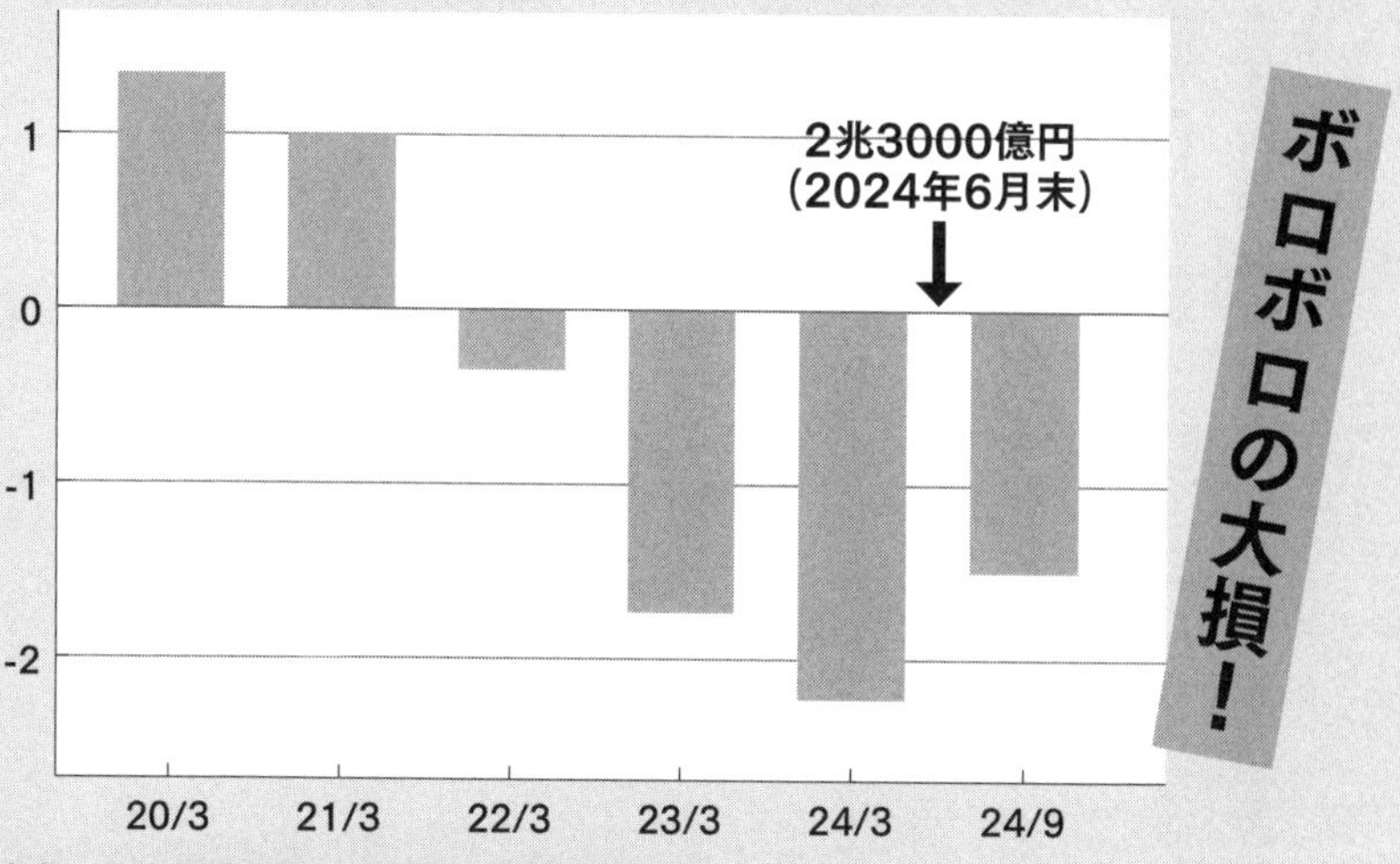

出典　日本経済新聞　2024年11月19日

ＧＰＩＦと同じように、外債《がいさい》すなわち米国債や危険なＮＹの仕組《しく》み債（ハイ・イールド債）を運用しているのが農林中金《のうりんちゅうきん》（農中《のうちゅう》）である。この農中が、巨額の赤字を計上した。案の定の大失敗で、巨額の損失である。去年（２０２４年）の6月に明らかになった。新聞記事を載せる。

「農林中金、米欧債10兆円売却へ　損失処理で赤字1・5兆円」

農林中央金庫は２０２４年度中に、保有する米国債や欧州国債を10兆円以上売却する。運用収支《しゅうし》悪化の主因となっている利回りの低い外国債券の損失を確定することで、債券運用のリスクを引き下げる狙いだ。この損失処理に伴い、５０００億円超と見込んでいた２０２５年3月期の最終赤字額は、１兆５０００億円規模に拡大するとみられる。

農林中金の奥和登《おくかずと》理事長が日本経済新聞に対し、「（保有して損が出ている）10兆円か、それを上回る規模の低利回り（外国）債券を（どんどん）売っていく」と明かした。奥氏は、3月末時点で約2兆2000億円の債券含み損の状況を改善するために「運用を抜本的に変える必要があると判断した」と説明。「（外債運用に関わる）金利リスクを小さくし、法人と個人の信用リスクを取る資産などに分散させる」と、運用資産の入れ替えを進める方針を説明した。

（日本経済新聞　２０２４年6月18日　傍点は引用者）

10兆円もの大損を出しておいて、私がこのときニューズ報道で見た理事長の奥和登《おくかずと》は、まったく頭も下げず、冷徹そうな鉄面皮《てつめんぴ》の無表情で押し切った。「預金者である農協の組合員の皆さん、申し訳ありません」の一言《ひとこと》もなかった。

こいつが一言でも謝ったら、何かが大きくガラガラと崩れるのだろう。農協という、敗戦後80年間築き上げられてきた虚妄《きよもう》の城《しろ》に、大きなヒビが入るのだ。その天主（本当は主。守ではない）閣である農林中金自体が、文字どおり瓦解して消滅するのである。

前掲の日経新聞の記事は続報がある。５カ月後の11月には、農林中金の最終赤字額の見通しが「1兆５０００億円では済まなくなった」と書いている。

「農林中金の赤字1・5兆円から拡大　25年3月期、外債処理で」

農林中央金庫が、11月19日に発表した2024年4～9月期連結決算は、最終損益が8939億円の赤字（前年同期は1443億円の黒字）となった。多額の含み損を抱える外国債券の損失処理を進めたためだ。25年3月期通期の最終赤字額は、6月に目安として示した1兆5千億円からさらに膨《ふく》らむ見通しだ。

最終赤字額はこれまで、リーマン危機時の2009年3月期に計上した5721億円が最大だった。（このため）25年3月期（の予想）は、上半期だけで過去最大の水準を大幅に上回った。9月末までの半年間に、収支の悪化した外債などを7兆5千億円売却したことで、運用資産残高は3月末に比べ17％減った。

記者会見では、25年3月期の外債の売却額を6月時点で見込んでいた10兆円より増やす方針を示した。奥理事長は、外債（ドル）の追加売却に伴って最終赤字の規模も「1兆5千億円以上には間違いなくなる」と拡大する見通しを示した。

農林中金が外債の圧縮を急ぐのは、外貨の調達コストが運用収益を圧迫しているためだ。24年4～9月期も1兆1千億円規模に上った。低収益の外債を手放すことで、今後金利が想定外の動きをした場合でも、25年度以降の黒字を確実にする狙いがある。

含み損の拡大で、低下していた自己資本を補《おぎな》うため、「ＪＡグループなどを引受先とする1兆3千億円規模の資本増強」を決めた。財務健全性を示す中核的自己資本（ＣＥＴ1《コアティアワン》　common《コモン》 equity《エクイティ》 tier《ティア》 1《ワン》）比率は9月時点で20％台と6月（15％台）比で高まり、大手銀を上回っている。

ただ、米10年債利回りは、足元で4・4％前後まで高まっており、（今）売却を急げば（さらに）損失が膨らむ恐れがある。外債の代替の運用先として、株式や社債、融資、証券化商品などを検討している。（だが）これらは投融資先（貸付先）の経営が悪化すれば、評価額が下がるリスクがある。運用体制の立て直しも課題だ。農林水産省は、9月から農林中金の巨額赤字を検証する有識者会合を始めた。運用に関するガバナンス体制の課題も議論している。

（日本経済新聞　2024年11月19日　傍点は引用者）

この記事を書いた北川開《きたがわかい》記者は、「三菱《みつびし》ＵＦＪなどのメガバンクが、日銀の利上げで最高益を更新したのに対し、過去最大の赤字を計上する農林中金の事業モデルやガバナンスに課題があるのは明らかだ」と痛烈に批判している。

　おそらく農林中金は、すでに20兆円ぐらいの欠損《けっそん》会社になっている。欠損会社というのは、赤字法人（債務超過《さいむちょうか》）よりもヒドい。自分の資本金（自己資本）をすでに食い潰《つぶ》して、実質的に金銭面では存在しない会社である。それでも農林中金が潰れない（破綻《はたん》しない）のは、親方《おやかた》日の丸だからである。いざとなったら政府が特別融資で助けることになっている、とみんなで信じ込んでいるからだ。

　だから植田《うえだ》日銀が、本当に10兆円ぐらいの日銀特融《とくゆう》を出すのではないか。日銀と大蔵省が、今にも農林中金へ無制限の公的資金の投入をしそうで、ぴりぴりしている。

　農林中金は、全国の農協（ＪＡ《ジエイエイ》は５００個）と漁業協同組合（全国で３０００団体ある）から集めた資金を株式や債券で運用する巨大な機関投資家（コンスティチューショナル・インヴェスターズ。政府資金を扱う）だ。

　２０２４年６月には、総額56兆円あった運用資産の４割以上（42％＝23兆円）が、外国債券（外債《がいさい》。ほとんどがアメリカの危険なファンド）である。アメリカＦＲＢが２０２２年に、急激に金利上げしたので、債券の価格がガタンと下落した。その大損を処理するために、10兆円の米欧債（外債）を売却する羽目《はめ》になった。外債で資産運用することに偏《へん》重《ちょう》し続けた農林中金に、天罰が下ったのである。

前記のGPIFと同じく、農林中金もゴールドマンやモルガン・スタンレーなどのハゲタカ・ファンドに長年、喰《く》らいつかれて逃げられないままだ。日本は骨の髄《ずい》までアメリカに国民の資金を吸い上げられる。

●私は、農中の外債運用失敗を追いかけてきた

農林中金の巨額損失は、今に始まった問題ではない。日経新聞の記事に「最終赤字額は、リーマン危機時の2009年3月期に計上した5721億円が過去最大だった」とあるとおり、今から15年前に大失態をしでかしている。まさしくリーマン・ショックである。今回は、それよりさらに1兆円も多い赤字を出した。

しかし、これは表面化せざるを得ない、最小限度に圧縮記帳《あつしゆくきちよう》した損失金である。本当はこの10倍の損をすでに出している。

あのとき（2008年）、農中は、アメリカの2大政府系住宅公社であるフレディマッ

クとファニーメイ（昔の住宅公団）の債券を、5兆5000億円も買って（いや、無理やり買わされて）運用していた。それが、リーマン・ショックの前の年（2007年）の7月に起きたアメリカのサブプライム・ローン崩れで、紙キレになった。だから減損《げんそん》処理に追い込まれて赤字になった。

今回、同じことを繰り返したのだから、農林中金は、間違いなく自滅への道を歩んでいる。

私、副島隆彦は、これまでの17年間、この農中の米国ファンド買い（外債投資）の大損失による経営危機を、ずっと追いかけてきた。

私が、あの〝リーマン・ショック〟を予測、予言して当てたのだ。あのときの記念碑となっている『恐慌前夜』（2008年9月、祥伝社刊）の、私の当時の文章を再掲する。

農林中金が受けた傷は深い。

「農林中金が5兆円超保有　米政府住宅金融の関連債券」

農林中央金庫は、7月17日、米政府が（リーマン・ショックで）緊急支援を表明した政府系住宅金融2社の発行する政府機関債と住宅ローン担保証券を、3月末時点で計約5兆5000億円保有していたことを明らかにした。これまでに判明している国内大手金融機関の保有残高では最大規模。実際に損失が生じる可能性は低いと（農林中金は）している。保有残高の内訳は、政府機関債が約2兆円、住宅ローン担保証券が約3兆5000億円。

（共同通信　2008年7月17日）

農林中金は、全国の農協団体（JA《ジェイエイ》と呼ばれるようになった）が集めた資金を、さらに吸い上げて運用する巨大な銀行である。総額で53兆円もの資金を保有して運用している。とくに海外での高収益の自信があると近年、偉そうに豪語してきた。それがこのざまである。申し開きができるものならしてみるがいい。幹部たちは全員真っ青で、毎晩夜も眠れない状態であるはずだ。

その責任者が高谷正伸《たかたにまさのぶ》専務理事である。この人が「海外投資で高い運用実績を誇っている農林中金」という虚偽の看板を作ってきた。リーマン・ショックの前年で、まだ強気で有頂天だったときの高谷の発言を紹介したロイターの記事を抜粋して引用する。

「今の金融市場は絶好の投資機会、積極的に運用へ＝高谷・農林中金専務理事」

農林中央金庫は、足元の市場環境を「絶好の投資機会」とみて、積極的な有価証券投資を行う。同社の高谷正伸専務理事は4月8日、同社や野村ホールディングスが出資するプライベート・エクイティ・ファンド・リサーチ・アンド・インベストメンツの開業記念セミナーで「ここは絶好の投資機会とみており、相当量の投資をすることを決めたばかりだ」と述べた。

農林中金は積極的な有価証券運用で知られており、２００７年3月期の総資産68兆円のうち、有価証券が52兆円を占めている。「10年前に大きくグローバルな分散投資に舵を切った」（高谷氏）結果、有価証券の５割程度を海外分が占めている。

２００７年9月中間決算では、サブプライム関連商品で３８４億円の償却を実施するなど、サブプライム・ローン（信用度の低い借り手向け住宅ローン）問題による打撃も受けているが、「日本のような成熟経済では貸し出し需要がそうは増えないとの

外国債券運用で大損を出した
農林中金の幹部たち

反省もない

高谷正伸《たかたにまさのぶ》
元専務理事

上野博史《うえのひろふみ》
元理事長

奥《おく》 和登《かずと》
現理事長

写真　農業協同組合新聞

高谷正伸専務理事(2008年のリーマン・ショック当時)は、2001年から農林中金で債券投資の責任者だった。そのときのトップが農水省事務次官上がりの上野博史理事長だ。

外債投資の失敗で業績が悪化して、経営危機に見舞われた農林中金は、1兆9000億円の資本増強をした。上野理事長はその責任を取って、2009年に退任した。

ところが高谷正伸は、2010年にしぶとく農中の子会社の社長になっている。それも債券(ファンド)の投資に特化した会社である。今の奥和登理事長は、2008年に1.9兆円の資本増強をした時の責任者だ。奥は、2024年6月に1.5兆円の損失を発表した。

（当行の）見通しは変わらない」（同氏）ため、今後も国際分散投資を続ける方針という。

高谷氏によると、同社のポートフォリオは債券が約50％、株式が10％、クレジットが20％、不動産が7％、オルタナティブ（副島注記。株式や債券以外の金融商品。代《だい》替物《たいぶつ》）が2・3％などとなっており、オルタナティブのほぼ半分がプライベート・エクイティ（未《み》公開株）で残りがヘッジファンド。

同氏は「グローバル分散投資には、いいものと悪いものが必ず混在していて悪いものを許容することも大事」と指摘。「伝統的アセットについては（運用の悪化を）許容するのに、新しいアセットについては損失が出ると『なぜ』となる。運用者はしっかり防御しないといけない」と述べた。

（ロイター　2008年4月8日）

この高谷専務理事は、今年（2008年）の4月の時点でこんな偉そうなことを言っていたのである。「ここは絶好の投資機会とみており、さらに相当量の投資をすることを決めたばかりだ」と言っている。本気でこんなバカな方針を立てて海外投資の傷口をさらに広げたのか。あるいは彼自身が確信犯なのか。その判定がもうすぐつくであろう。

ＪＡグループ（日本農業協同組合連合会）の資金運用は、次の三層構造でできているようだ。

1. 農業者（農民）など組合員が、全国市町村にある各々《おのおの》のＪＡにお金を貯金する。2. ＪＡは融資を必要とする組合員にお金を貸し出し、余裕金（余ったお金）を「ＪＡ信《しん》連《れん》」（都道府県単位の組織）に預ける。3.「ＪＡ信連」はグループ内の団体（「ＪＡ経済連」など）に貸し出しを行ない、さらに余裕金を農林中金に預ける。

そして農林中金（農業系銀行の頂点）はこれらの余裕金を、ＪＡグループ内や漁業協同組合や森林組合などに融資する。その一方で、有価証券や投資信託などの形で資金を運用している。このＪＡ、ＪＡ信連、農林中金の三つをまとめて「ＪＡバンク」と呼んでいる。ＪＡグループ全体での資金量は１２３兆円である。このうち、農林中金が運用する額が53兆円である。

そしてこのたびめでたく農林中金は、少なく見積もっても５・５兆円の海外投資金を吹き飛ばしてしまいそうである。本当はその倍ぐらいあるだろう。53兆円のうちのわずか５

兆や10兆円だから農協全体はびくともしない、などというのは嘘である。他にもたくさん不良債権《ふりよう》（バッド・ローン）をすでに山ほど抱えているだろう。その実情はフレディマックやファニーメイと同じように、資金状態はスカスカなのではないか。

農林中金の上野博史《うえのひろふみ》理事長らは歴代、農水省の事務次官あがりである。農林中金は、5・5兆円のうちの、とくに3・5兆円分で「サブプライム・ローン組み込み債券」（住宅ローン担保証券）を買い込んでいた。ファニー債《さい》とフレディ債《さい》そのものを買っているだけ（2兆円分）ならまだよかったのだ。ところがRMBS《アールエムビーエス》（レジデンシャル・モーゲッジ・バックト・セキュリティーズ）というサブプライム・ローン債権が組み込まれた債券と、さらにそれを組み立て（組成《そせい》し）直して作ったCDO《シーディーオウ》（コラテライズド・デット・オブリゲーション）という債券まで買っていた。

この数字が今回あからさまに表《おもて》に出た。アメリカ側が勝手に発表したのだ。向こうにしてみれば、日本の大銀行や政府系金融法人がどうなろうと知ったことではない、という感じである。投資の大失敗と借金返済で追いつめられる者たちの心境は、古今東西同じである。

（『恐慌前夜』P60～P63）

●運用失敗の責任者には、次の人生が待っていた

私がこの2008年刊の『恐慌前夜』の中で、名指《なざ》しして叩いた高谷正伸《たかたにまさのぶ》（73歳）は、東京教育大学（今の筑波《つくば》大学）を卒業して1976年に農林中金に入った。25年後の2001年に債券投資部長に昇進して、それから2003年に企画管理部長、2004年に常務理事、そしてリーマン・ショックが起きる1年前の2007年に専務理事になっている。

引用したロイターの記事にあるとおり、「10年前（1998年）に大きくグローバルな分散投資に舵を切った」と高谷正伸は大見得を切った。ということは、農林中金は1998年から海外投資に手を染めて、揚《あ》げ句《く》の果てに5・5兆円をパーにしたのである（2008年）。

ところが、この高谷専務理事は、リーマン・ショックの煽《あお》りの大損で農中《のうちゅう》がボロボロになったあとも、2010年に、なんと「農林中金全共連《ぜんきょうれん》アセットマネジメント株式会社」という会社の代表取締役社長に〝栄転〟したのである。この会社は、農林中金が出資して1985年に創業し、投資事業に特化させた子会社だ。略称を「NZAM」（エヌザム。Norinchukin Zenkyoren Asset Management Co., Ltd.）としている。社名にある「全共連」とは「全国共済《きょうさい》農業協同組合連合会」（JA共済連）のことで、JAグループ内で共済（生命保険や損害保険）事業を行なっている。このJA共済連も、NZAMの株主である（持株比率33％）。

NZAMは社名の「アセットマネジメント」asset management から分かるとおり、資産の投資・運用と投資の助言（コンサル）が事業の柱だ。あらゆる種類の投資信託商品（ファンド）をたくさん作って売って、集めた資金を株や債券に投資して運用している。だから機関投資家（資産運用会社）である。高谷は農林中金での大失敗（大損害）などまるでなかったことのように、この会社の社長に納《おさ》まった。

今はNZAM《エヌザム》は、東京の九段《くだん》会館の敷地の裏に建てられた巨大なオフィスビルの9階と

10階に入居している。社員のほとんどが、中途入社や農林中金からの出向《しゅっこう》だという。２０２４年時点での運用資産（投資家から集めたお金）は14兆円だ。親会社の農林中金のほうは、Ｐ159の円グラフにあるとおり、47兆円と公表している（３月時点では56兆円だった）。

高谷は、このＮＺＡＭの社長になってから5年後の２０１５年6月に、64歳で社長を退任した。

ところが、こいつに次の人生（第三の人生）が待っていた。ちょうど1年後の２０１６年6月に、あの「ライフネット生命保険株式会社」の社外取締役になったのである。「スマホでいつでも簡単に申し込める」と、テレビＣＭで有名な生命保険会社だ。

スマホ（ネット）だから、この会社には外交員（保険のおばさん）がいない。その分の人件費がかからないので、保険料が安いということになっている。怪しい生保業界のトッピング会社だ。このような〝格安保険〟が増えているらしい。ホントかな。

ライフネット生命は、高谷正伸を社外取締役に迎えた理由について、以下のように説明した。

（高谷氏は）金融機関における会社経営者としての経験に基づく、経営に関する豊富な経験と幅広い知見《ちけん》を有《ゆう》していることから、社外取締役に選任しております。東京証券取引所が定める独立性基準に抵触《ていしょく》せず、また、当社の定める社外取締役の独立性基準を満たしており、一般株主と利益相反《りえきそうはん》が生じるおそれのないことから、独立役員に指定しております。

（ライフネット生命ＨＰから）

「経営に関する豊富な経験と幅広い知見を有し」だと。日本国のアメリカの手先、ディープステイトの子飼《こが》いたちというのは、こういう木っ端役人タイプの、恥知らずで「自分の責任ではありません」と平気で言い逃れる鉄面皮《てつめんぴ》どもばっかりだ。

それから５年。高谷は70歳で、２０２１年６月にライフネット生命の社外取締役を退任した。農中とＮＺＡＭとライフネット生命のそれぞれから、退職金をがっぽり手にしただろう。

やっぱりNISAで500万人が失敗した

「オルカン」のバカタレ！

資金の流出が大きかった新NISAの対象投資信託(2024年8月7日)

	ファンド名　これらを売り付けている	運用会社	資金流出超過額	純資産総額
1	eMAXIS Slim米国株式(S&P500)	三菱UFJ	−226億円	4兆6490億円
2	eMAXIS Slim全世界株式(オール・カントリー)	三菱UFJ	−78億円	3兆6048億円
3	SBI・V・S&P500インデックス・ファンド	SBI	−78億円	1兆5836億円
4	iFreeNEXT FANG＋インデックス	大和	−59億円	2225億円
5	HSBCインド・インフラ株式オープン	HSBC	−55億円	3504億円
6	楽天・全米株式インデックス・ファンド	楽天	−48億円	1兆4522億円
7	野村世界業種別投資シリーズ(世界半導体株式投資)	野村	−44億円	3521億円
8	netWIN GSテクノロジー株式ファンドBコース(為替ヘッジなし)	ゴールドマン	−29億円	9766億円
9	グローバルESGハイクオリティ成長株式ファンド(為替ヘッジなし)	アセマネOne	−25億円	9762億円
10	iFreeNEXT インド株インデックス	大和	−25億円	1362億円

出典　QUICK資産運用研究所。国内公募の追加型株式投信が対象

8月5日の暴落は目に見えていた。だから素人は、株をやるな。と、私が言った(書いた)でしょう。

●新ＮＩＳＡの正体

新ＮＩＳＡ《ニーサ》（少額投資非課税制度）を去年1月から鳴り物入りで始めて、8月5日の株式暴落で大損をさせた。株式投資のことなんか何も知らない国民に、新たにＮＩＳＡ口座を開かせて、１００万円、２００万円を買わせた。

「儲かった利益は非課税です」を吊《つ》り文句の売りものにして、日本政府もグルになってアメリカＮＹの大金融法人が言うがままに買わせた。素人の国民をカモにした。この新ＮＩＳＡの失敗のことは、すでに私の前著で書いたので、この本ではもうあまり書かない。

私が新たに言いたいこと（読者に教えたいこと）は2つだ。

株式投資の誘い（勧誘《かんゆう》）は、すべて詐欺だ。初めから損をさせようとして、証券会社や銀行どもは、こんなものを売っている。だから、新ＮＩＳＡで儲かったとされる者たちは、「初めからこのことを知っている者たち」だ。

中小企業の経営者に、銀行のその地域担当の営業マンが、「社長。私のノルマがありますから、一口つき合ってください」と、２００万円の新ＮＩＳＡを売る。社長は「分かった。つき合ってあげるよ」と買う。そしてその銀行員は、行内での新ＮＩＳＡの販売ノルマ期間が終わったら、さっさとその買いを売る。それを7月中に（8月5日の暴落の前に）終わらせていた者たちは、新ＮＩＳＡで利益を出したのである。中小企業の経営者たちは、甘くはないのである。

これが世の中というものだ。バクチ（ギャンブル。株も）のプロ（ウ）の世界というのは、いつもこのようにできている。

あとの大半の、一般国民（お庶民）のアホどもは、ボケーッと、初めてやった株式投資の新ＮＩＳＡを抱えて、「買い値より下がっているみたい。でも10年待っていたら、そのうち上がるでしょう」と、自分の値下がり株を抱え込んだまま塩漬けにして、バカみたいなことを思っている。

私が言いたいことのもうひとつは、Ｐ177の表に載せたとおり。新ＮＩＳＡというのは、大半は株式投資ではないのだ。５００万人の新たなカモ国民が買わされたのは、個別の日本株の銘柄（株式投資のセミプロで定年退職会社員上がりたちは、新ＮＩＳＡ口座でもこっちを買う）ではなくて、ＮＹの大型株のインデックス債《さい》（指標取引）を、名前だけ日本製のものに貼り換えただけの投資信託（ファンド）なのである。

それが、新ＮＩＳＡの中で一番有名になった「オルカン」だ。Ｐ177の表で第２位（純資産３兆６０００億円）につけている「eMAXIS Slim全世界株式（オール・カントリー）」（運用　三菱ＵＦＪアセットマネジメント）である。これが８月５日暴落のあと「資金流出超過額が▲78億円」となっている。その上の第１位の、同じく三菱ＵＦＪの「eMAXIS Slim米国株式（S&P500）」（ほら見ろ。ＮＹのインデックス債そのものだ）は「▲２２６億円の（純《じゅん》）流出」（解約したのだ）となっている。

新ＮＩＳＡを日本人に、本当に組み立てて売りつけたやつら、すなわちＮＹの金融ユダヤ人どもというのは、本当にふざけたやつらだ。「老後の生活が不安で、年金だけではやってゆけないので、新ＮＩＳＡで利殖《りしょく》しましょう」などと、日本国民を煽って苦しめて、そして実際に損をさせる。これが今の日本の金融業の世界だ。血に飢えた銀行員や証券マンや保険外交員たちは、自分の会社の顧客たちを騙《だま》して損をさせることを、もはやまったく何とも思っていない。恐ろしい時代になったものだ。

だから私、副島隆彦が言う（書く）とおり、これからも金《きん》の地金《じがね》と金貨《きんか》をコツコツと買いなさい。下がったら買いなさい。私だけは、今も金融本を書き続けながら、読者を騙さず、損をさせないで、ここまで30年間やってきました。

新NISAは米国の「401k」（確定拠出年金）の日本人への押し付け

<table>
<tr><th></th><th>❶つみたて投資枠</th><th>❷成長投資枠</th></tr>
<tr><td>併用</td><td colspan="2">可能</td></tr>
<tr><td>年間投資枠</td><td>120万円</td><td>240万円</td></tr>
<tr><td>非課税保有期間</td><td>無期限</td><td>無期限</td></tr>
<tr><td rowspan="2">非課税保有限度額</td><td colspan="2">合計1,800万円。簿価残高方式で管理（枠の再利用が可能）</td></tr>
<tr><td></td><td>1,800万円の内数として1,200万円</td></tr>
<tr><td>投資対象商品</td><td>一定条件をクリアした投資信託</td><td>上場株式やETF、投資信託など（対象外の商品あり）</td></tr>
<tr><td>買付方法</td><td>積立</td><td>スポット・積立</td></tr>
</table>

だからダメなのだ。

● 円安・ドル高が続いても、ドル切り下げのときが来る

また円安・ドル高の動きになっている。２０２４年12月末の時点で１ドル＝１５７円にまで進んだ。11月６日にトランプ当選、勝利のあとも、ずっとドルは下落することなく、世界中の通貨に対して強気でドル高を続けている。Ｐ91の表（グラフ）で示したとおり、７月３日の１ドル＝１６１円から９月13日の１ドル＝１４０円まで円高（ドル安）になっていたのが、反転して円安に向かっている。

これはＮＹの金融投機筋《スペキュレイターズ》の、カイル・バスたちが示し合わせての「円キャリートレイド」である。金利１％未満である円資金を借り出して、金利４％が付くドル建て資産を買えば、自動的に年利３％の利益が出る。日本の大蔵省が、この事態を放置するわけにはゆかない。それで１６０円になったら、ドル売り・円買いの政府介入を再び仕掛けるだろう。

しばらくしてトランプ政権の〝最後の一撃〟である「初めの１００日間《ザ・ファースト・ワン・ハンドレッド・デイズ》」が終わったら、トランプはドルの切り下げ（round down《ラウンド ダウン》）に向かうだろう。そのとき、円高・ドル安のほうに向かって為替はどんどん変化してゆく。１ドル＝１００円を割って、

日本大蔵省（財務省）がまた「円キャリートレイド」を逆回転《アンワインド》させるだろう

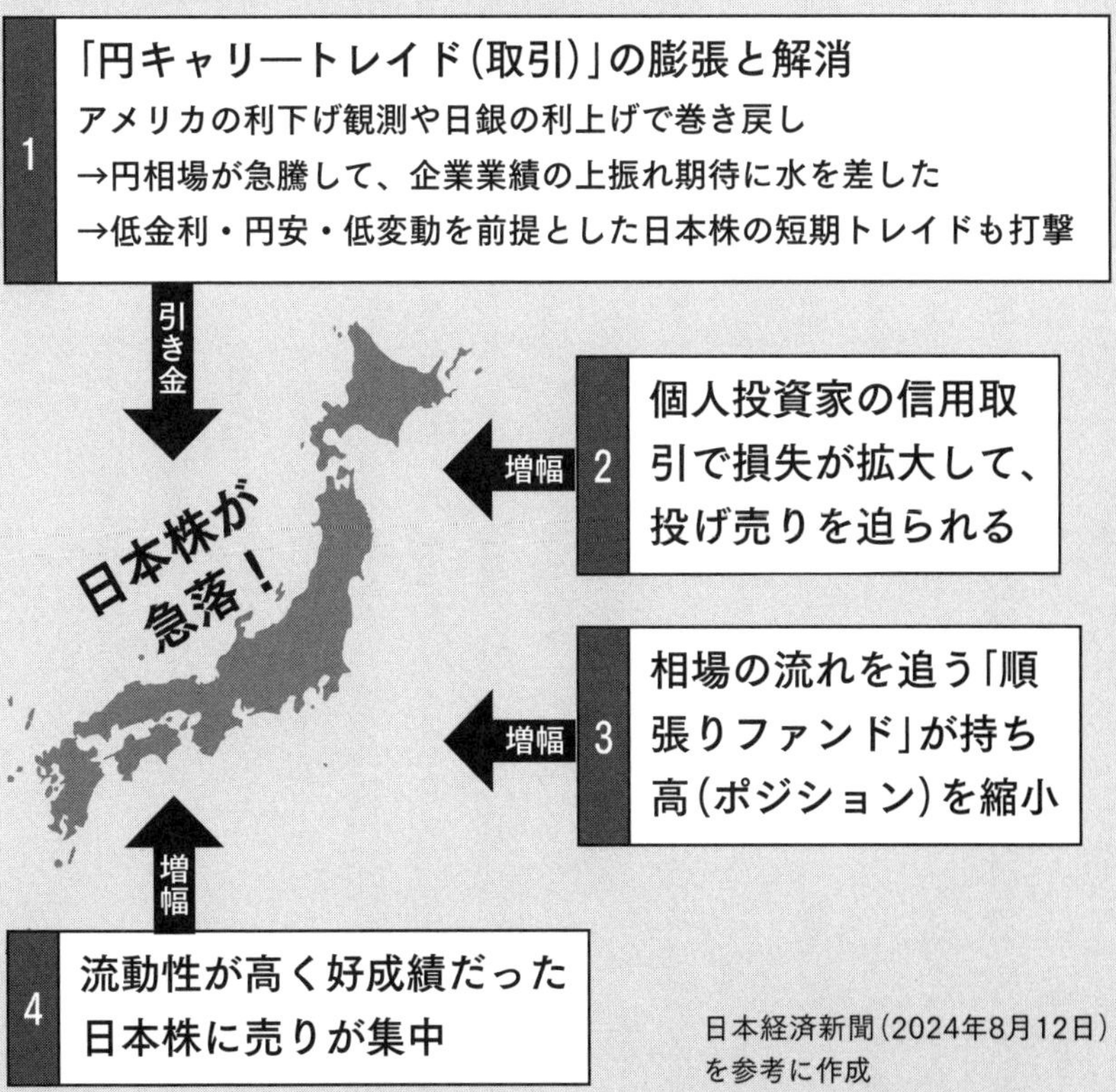

1
「円キャリートレイド（取引）」の膨張と解消
アメリカの利下げ観測や日銀の利上げで巻き戻し
→円相場が急騰して、企業業績の上振れ期待に水を差した
→低金利・円安・低変動を前提とした日本株の短期トレイドも打撃
引き金
日本株が急落！
増幅
2
個人投資家の信用取引で損失が拡大して、投げ売りを迫られる
増幅
3
相場の流れを追う「順張りファンド」が持ち高（ポジション）を縮小
増幅
4
流動性が高く好成績だった日本株に売りが集中

日本経済新聞（2024年8月12日）を参考に作成

円キャリートレイド（円キャリ）とは、金利1％未満でゼロ金利に近い円を借り、それを高金利のドルなどで運用して金利差収益を得ようとする手法である。

80円、60円……と、ドルが切り下がってゆく時代が来る。

●トランプのドル切り下げを迎え撃つ、日本のリデノミ

私がずっと書いてきたとおり、日本は秘密で、この40年間にアメリカに米国債を強制的に買わされてきた。隠された国家帳簿に、16兆ドル（1800兆円）の残高が有《あ》る。その内訳は本書の前のほう（P88〜P90）で説明した。だが誰も、日本が裏で買わされている米国債の話を絶対にしない。財務省と自民党のトップたち30人ぐらいを除いて、誰も知らない。

私、副島隆彦だけが、このことを自分の金融本でずっと書いてきた。『悪の経済学』（1998年7月、祥伝社刊）以来、この27年間、ずっと書いてきた。

今から35年前の1989年には、日本政府（大蔵省）が買わされた米国債（そして、その米国債がアメリカの財政赤字を穴埋めする）は、まだ600兆円ぐらいだった。そのあともずっと1年間に30兆円ずつ積み上がった。すなわち、30兆円×35年で1150兆円だ。これに、それまでの分の600兆円を足すと、ちょうど私が洞察している1800兆

いよいよリデノミ（通貨単位の変更）が起きる

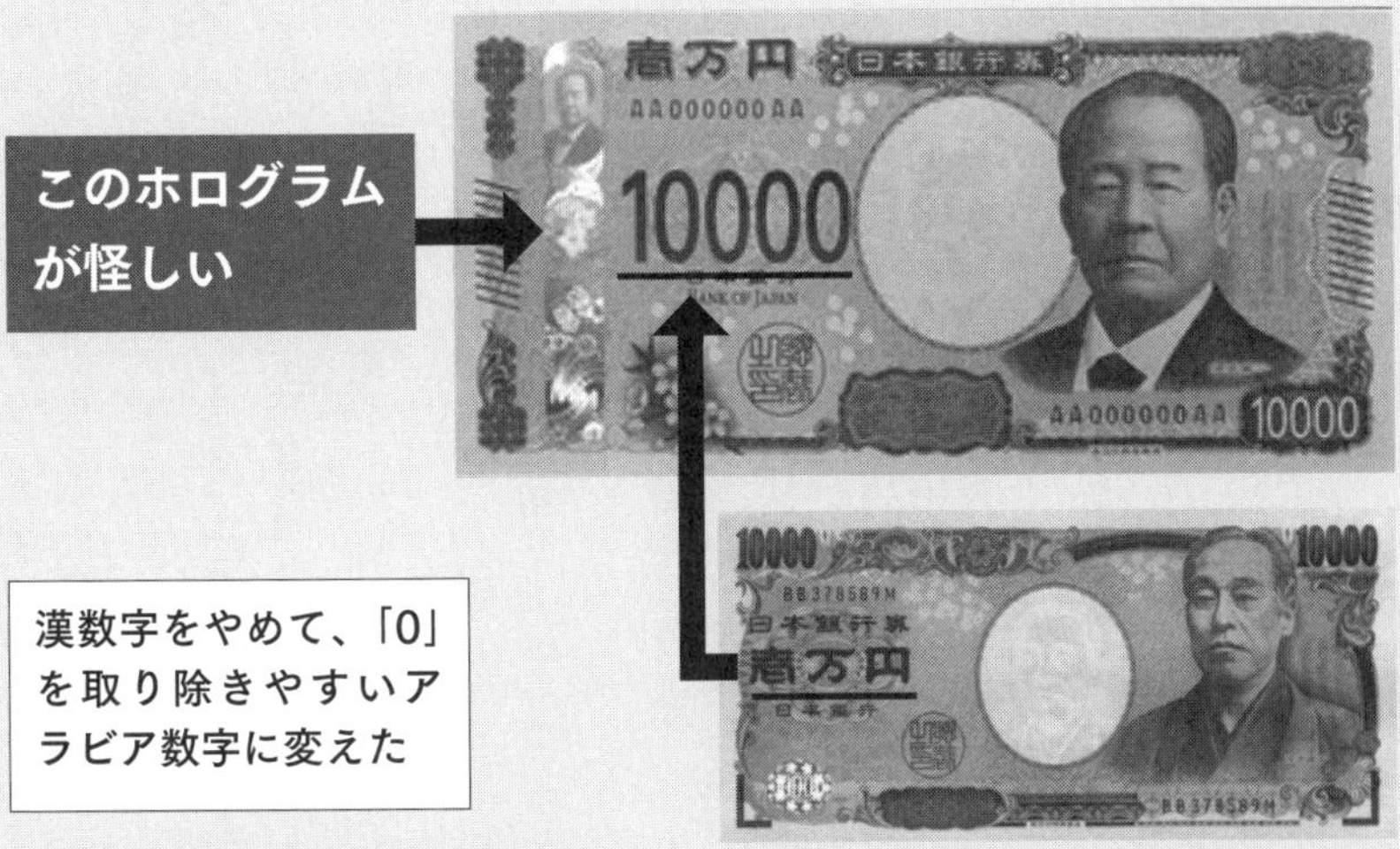
このホログラムが怪しい
壱万円
日本銀行券
10000
漢数字をやめて、「0」を取り除きやすいアラビア数字に変えた
10000
壱万円

❶ ドルはやがて大暴落して、150円から120円→60円→40円→20円…と落ちてゆく。だから日本政府は redenomination《リデノミネイション》（通貨単位の変更）を断行する。新紙幣の「10000円」札から「0」をひとつ取り去って「1000円」札にする。それから、2年後ぐらいに「100円」札にする。そのとき **1ドル＝1円** になる。

❷ 新札《しんさつ》発行（2024年7月3日から）で、政府は金融混乱に乗じて、タンス預金（隠し札束）と、多額預金者への財産税を実行・断行する準備を始めた。気をつけよう。

どのように資産を隠し直すか。
相続（税）対策が大事だ

円になる。どうだ。

　だが、誰もこの数字を信じてくれない。私は、このことで、ひとりでずっと苦しんできた。まあ、いいさ。私が勝手に立てた仮説《かせつ》（hypothesis ハイポセシス）ということで。そのうち真実が大きく判明する。ドルと米国債が大暴落するときに、である。

　そのとき、トランプはドルを切り下げる（10分の1にする）。そして日本政府は、それを迎え撃って、円を10倍に切り上げる（round up《ラウンドアップ》）だろう。P259で説明する。

　私は2000年に、自民党の勉強会に誘われて出席した。下村博文《しもむらはくぶん》や野田聖子《のだせいこ》や山本有《やまもとゆう》二《じ》や塩谷立《しおのやりゅう》たちがいた。座長は東大の月尾嘉男《つきおよしお》教授だった。この人は現代の間宮林蔵《まみやりんぞう》で、私が命名して本人が受け入れた。政治の表面には出ない、通信、情報分野の国家アドヴァイザーである。

　このとき、鈴木俊一《すずきしゅんいち》（岸田文雄《きしだふみお》内閣で財務大臣だった）が私の横に座っていたので、私は耳打ちするように言った。

「鈴木先生。まあ、この600兆円をアメリカに差し出した（その担保として渡されたのが米国債という紙キレである）ので、これで日本が小さな戦争をひとつやってかかった費用ということでいいんでしょうかね」

するとと実直で誠実な鈴木俊一（自民党宏池会《こうちかい》。アメリカに面従腹背《めんじゅうふくはい》する）は、「うん、うん」と頷《うなず》いてくれた。

私の貴重な思い出だ。

私の、この主張を、誰も、だーれも信じてくれないまま、4半世紀が過ぎた。私は、ひとりで堪《た》える。もうすぐ、私のこの予言が当たるだろう。それは、アメリカの金融市場崩れ（米国債を買う者がいなくなる）と、米ドルの大暴落（ドル覇権の崩壊）である。このとき、日本はリデノミネイション redenomination（通貨単位を動かす）をやる。

第4章

トランプの復讐に怯《おび》えるビッグテック企業

●新・世界通貨にデジタル・マネーが加わった

第2章（P108）で、私は、BRICS諸国が誕生させようとしている新しい世界通貨（ニュー・ワールド・カレンシー）のことに触れた。

これに対して、トランプがSNSで「そんなことができるものならやってみろ。ただちに叩《たた》き潰《つぶ》してやる」と脅《おど》しの宣言をした。「米ドルに挑戦する諸国には100％の関税をかける。アメリカと貿易《トレイド》（通商）できなくする」と啖呵《たんか》を切った。

これでBRICS諸国とりわけロシアのプーチンが、しゅんとなった。「そんなつもりはない」と、たじたじになってしまった。

トランプが大統領選で勝利する2週間前の、2024年10月22日から24日まで、ロシアのカザン市（モスクワから東へ800㎞。ロシア連邦タタールスタン共和国の首都）で、BRICS首脳会議が開かれた（P193にそのときの写真あり）。時事通信の記事を載せる。

「BRICS、西側制裁に懸念　「拡大」「反米」に温度差も　ロシア主導で首脳宣言採択」

新興国グループ「BRICS」首脳会議は10月23日、ロシア中部カザンで少人数・全体会合を行い、西側諸国による制裁がもたらす悪影響に「深い懸念」を示す成果文書である「カザン宣言」を採択した。新興5カ国の枠組みにイランやエジプトなどが加盟して以降初めての「ロシア主導のサミット」。22日に開幕した首脳会議は、24日にパートナー国を含めた拡大会合を実施して閉幕する。

宣言は、ロシアのウクライナ侵攻の解決に向けた各国の仲介努力を歓迎したほか、イスラエルの軍事作戦に伴うパレスチナ自治区ガザの人道状況に危機感を表明した。

議長を務めるプーチン大統領は10月22日、インドのモディ首相、中国の習近平国家主席と個別に会談。対米で共闘する習氏とは中ロ国交樹立75年を祝い、BRICSの拡大路線も確認した。ただ、米ブルームバーグ通信によると、インドは加盟国拡大に慎重とされる。

モディ政権は、中ロが結束してBRICSの「反米化」を進めることに反対だと伝

は、アメリカの金融崩れを待つ

これ以外に、アルゼンチンの加盟が承認されていたが、右翼であるミレイ大統領が2023年12月に加盟を撤回した。サウジアラビアも「検討中」とした。

それでも「50カ国以上がBRICS通貨体制を望んでいる」 “More Than 50 Countries Could Accept BRICS Payment System” と、金融情報のニューズサイト（下）が報じた。

そしてドル紙幣の画像の上に、「脱ドル化」De-Dollarization（ディーダラライゼイション）が刻まれている。“貧乏大国同盟”の時代がもうすぐ到来する。

出典　Watcher Guru

BRICS首脳会議（2024年10月20～23日 ロシアのカザン市）

エチオピア アビー首相
エジプト シーシ大統領
南アフリカ ラマポーザ大統領
中国 習近平国家主席
ロシア プーチン大統領
インド モディ首相
UAE ムハンマド大統領
イラン ペゼシュキアン大統領
ブラジル ビエイラ外相
※ルラ大統領はオンライン参加

写真　代表撮影／ロイター／アフロ

BRICSとG7の世界GDPに占める比率

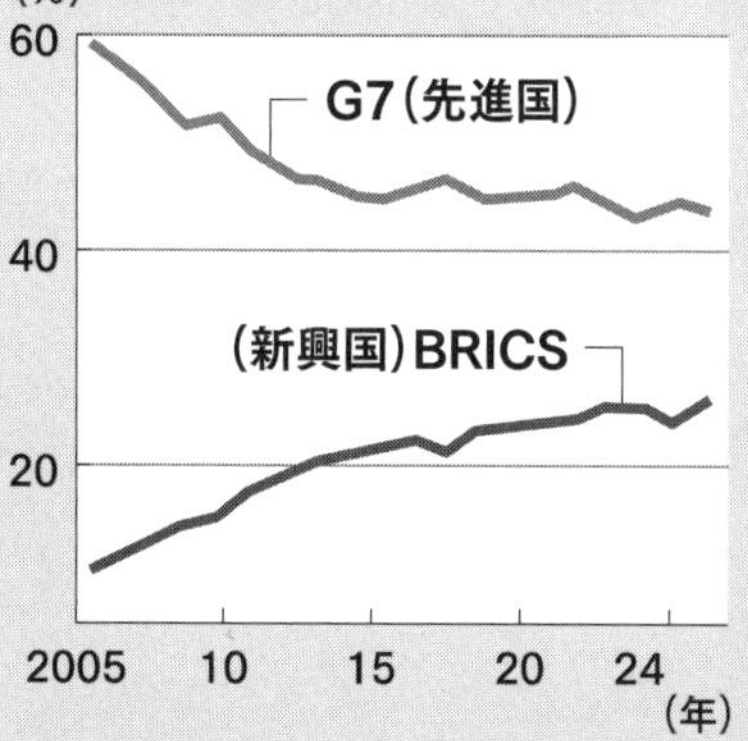

出典　IMF

2024年1月から、BRICSに、エジプトとイラン、アラブ首長国連邦（UAE）、エチオピアが加わった。これで9カ国になった。10月の首脳会議には36カ国が参加した。

この会議の共同宣言で、「BRICSは今の加盟国に加えて、新たにパートナー国の創設を支持する」と明記した。パートナー国の候補はトルコ、インドネシア、マレーシア、タイ、キューバなど13カ国だ（インドネシアの加盟が2025年1月に正式承認）。

左のグラフにあるように、2005年に10％だった世界GDPに占めるBRICSのシェアは、2024年に26％を超えた。BRICS首脳会議では、米と欧に対抗して、新たな国際金融決済システムの構築を協議した。

えられる。ロシアが伝統的友好国とはいえ、国境問題を抱える中国への警戒や、日米豪印4カ国の枠組み「クアッド」との兼ね合いもあるとみられる。

（時事通信　2024年10月23日）

プーチンが、BRICS共通通貨の見本となる紙幣を手に持って、会議に参加した者たちに見せていたのは、このときである（P109の写真）。

このBRICS首脳会議が開かれる1週間前の、昨年10月17日と18日に、「BRICSビジネスフォーラム2024」という会合がモスクワで開催された。ここで発表されたのが「ブリックス・ペイ」BRICS Pay である。フォーラムの会場では、そのプロモーション用のカードが来場者に配られた。カードには500ルーブル（760円）が入っていて、実際に使うことができた。

BRICS Pay は、ブロックチェーン技術を使った、BRICS諸国の間での決済（セツルメンツ）・送金（レミッタンス）システムだ。すなわちデジタル・マネーによる国際決済の仕組みであり、今まで米ドルを中心としてきた貿易の決済が、互いに自分の国の通貨

（ブラジル・レアル、ロシア・ルーブル、インド・ルピー、中国・人民元、南アフリカ・ランド）でできるようになる。まさしく「脱ドル化」De-Dollarization《ディー・ダラライゼイション》である。

第2章（P108）で前述した、ＢＲＩＣＳ通貨（新・世界通貨《ニュー・ワールドカレンシー》）に加え、このようなデジタル・ネットワークによる米ドルへの挑戦に対して、トランプは「そんなことは許さん。１００％の関税をかけてやる！」（11月30日）と、ケンカを売ったのである。

●「トランプの粛清が始まる」

本書の「まえがき」で書いたが、もうすぐトランプの政敵、すなわちディープステイト（表面に出ない大富豪と官僚たちの連合体）への激しい復讐（ヴェンデッタ vendetta ）の嵐が吹くだろう。今後のトランプの大方針を簡潔にまとめた、ロイターの記事を次に載せる。私がその原文（英文）を読んで、逐一《ちくいち》注記を加えながら引用する。

ここにはっきりと、粛清《しゅくせい》と書いている。原文（見出しも）にある purge《パージ》 を粛清（追放）と訳した。英語では、普通は liquidation（リクウィデイション）が粛清である。

「身構える米国防総省、トランプ氏が「大規模粛清」か」

（副島隆彦注記。この「か」は取るべきだ）

米大統領選中に共和党候補トランプ前大統領は、米軍のいわゆる「目覚めた（wo《ウォウ》ke《ク》）将軍たちを追放する」と表明していた（引用者注。それに対し、トランプ派は wake［ウェイク　目覚めよ］で対決する）。そのトランプ氏が次期大統領に決まったことで、国防総省内では同氏がさらに踏み込んだ「大規模粛清《しゅくせい》」を敢行《かんこう》するのではないかとの疑念が広がっている。

2期目のトランプ氏は、北大西洋条約機構（NATO）の存在を疑問視。「米国内の騒乱にも軍の出動を辞さない」とする自身の考えにことごとく抵抗する国防総省（ペンタゴン）に対して、1期目よりもずっと厳しい目を向ける。

トランプ氏を批判する急先鋒は、1期目政権の軍上層幹部や国防長官たちで、彼らの一部は「トランプはファシストだ、大統領にふさわしくない」と言い切る。これに

経済政策で主要なトランプ政権の閣僚(高官)たち

スコット・ベッセント

財務長官

ジョージ・ソロスの元弟子で、投資ファンド「キー・スクエア・グループ」の創業者。ゲイを公表している。

ジェミソン・グリア

通商代表部(USTR)代表

国際貿易法が専門の弁護士。前のトランプ政権ではUSTR首席補佐官。彼も対中国強硬派だ。

ハワード・ラトニック

商務長官

投資銀行「カンター・フィッツジェラルド」のCEO。対中国強硬派で、関税政策も担当する。

スティーブン・ミラー

大統領次席補佐官

前のトランプ政権で、大統領上級顧問とスピーチライター。不法移民の大量強制送還を主張している。

ピーター・ナヴァロ

通商・製造業担当上級顧問

対中国強硬派。前のトランプ政権で通商担当の大統領補佐官。閣僚たちを業績評価(大目《おおめ》付《つけ》)する。

イーロン・マスク

政府効率化省(DOGE)トップ

ビベック・ラワスワミと一緒に、DOGEの責任者になった。大統領選で連日、トランプ支持を訴えた。天才経営者。

ポール・アトキンス

証券取引委員会(SEC)委員長

投資コンサル会社「パトマック・グローバル・パートナーズ」のCEO。暗号通貨の推進派。

ロバート・ケネディJr

保健福祉長官

環境保護派の弁護士。大統領選の出馬途中でトランプ支持に回った。ワクチンとビッグ・ファーマを叩き潰す。

怒り心頭のトランプ氏は、批判派の1人である前統合参謀本部議長のマーク・ミリー氏を「国家反逆罪（treason　トリーズン）で死刑にする」と脅している。

米政府の現役高官や元高官によると、トランプ氏が2期目で最重要視する人事の基準は忠誠心で、「私に従う気がない軍高官や文民（シヴィリアン）幹部らは根こそぎ排除する」と言う。上院軍事委員会のリード委員長（民主党）は「あからさまに言うと、トランプ氏は国防総省をぶち壊す。中に入ってきて、憲法を守る将軍たちを解雇しようとするだろう」と懸念を示した。

トランプ氏は、6月にFOX《フォックス》ニューズで、「目覚めた」将軍たちをクビにするかどうか聞かれると「そうだ。彼らを辞めさせる。目覚めた軍などあり得ない」と語った。この目覚めた（woke　ウォウク）とは、人種や社会の公正さ（equity　エクイティ）を重視する（反《はん》差別主義）という意味で生まれた言葉だ。これに対し保守派（トランプ派）は、「そうした公正さを社会に押しつけるリベラル派の政策を軽蔑《けいべつ》する用語だ」として使っている。

そして今、トランプ氏の政権移行《トランジション》チームが、チャールズ・ブラウン統合参謀本部議

お前たちを逆の立場に立たせてやる

写真　代表撮影／ロイター／アフロ

2024年４月15日、ニューヨーク州地裁で裁判官を睨みつけるトランプ

**「トランプ氏「政治的迫害だ」
米国史上初、大統領経験者が刑事被告に 」**

トランプ前米大統領が「不倫関係」にあったとされる元女優に支払った口止め料をめぐる事件の初公判が4月15日、米東部ニューヨーク州の裁判所で開かれた。米国史上、大統領経験者で初めて刑事事件の被告となったトランプ氏は、入廷前に「政治的迫害だ」と記者団に主張した。11月の大統領選に向けた選挙活動に支障が出ると不満をあらわにした。

（毎日新聞　2024年4月16日）

このあとトランプは、「大統領に再選されたら、私を起訴した司法省のジャック・スミス特別検察官を2秒でクビにする」と言った（10月25日）。スミスは、トランプ当選直後、辞表を書いた。

長を標的にするのではないかと心配されている。ブラウン氏はパイロット出身で幅広く尊敬される人物。黒人である同氏は議長就任前の２０２０年５月に、ミネソタ州ミネアポリスで黒人男性ジョージ・フロイドさんが白人警官に殺害された事件の数日後、軍内部に向けた動画メッセージで差別撤廃と多様性の重要さを訴えていた（引用者注。ところが空軍トップのブラウンは、真実はトランプ派であったと判明した）。

　次期副大統領のＪ・Ｄ・バンス氏は昨年、上院議員として、ブラウン氏の議長指名人事に反対票を投じた。「国防総省内にトランプ氏の命令に従わない勢力がいる」との批判を続けている。バンス氏は大統領選前、ＦＯＸニューズ元司会者のタッカー・カールソン氏のインタビューで、「自分の政権で命令に従わない人々がいるなら排除する。大統領がやろうとすることに応じる人々と交代させる」と語った。

　トランプ氏は今回の選挙戦で、南北戦争時の南軍軍人たち（引用者注。奴隷制度賛成者としてリベラル派が銅像を破壊しようとした）にちなんだ南部《サザン》米軍基地名を復活させると約束した。フロイドさん殺害事件後、基地名は変更されていた。トランプ氏は、出生時の性と自認する性が異なるトランスジェンダーの人々（引用者注。簡単に言えばオカマ）を目の敵《かたき》にしており、1期目には一時（彼らの）軍入隊を禁止した。今回も、Xに投稿した選挙広告で「トランス・ジェンダーは弱者である。われわれは目覚めた《ウォウク》（同性愛者の）軍隊を決して持たない」と宣言している。

トランプ氏は、自分が優先する多くの政策において、軍が重要な役割を果たせると提案している。「州兵（ナショナル・ガード）や、場合によっては現役兵士（引用者注。連邦軍。フェデラル・アーミー）を不法移民（illegal migrants　イリーガル・マイグラント）の大量強制送還（deportation《デポーテイション》）に活用する。彼らを国内の騒乱《ライオット》鎮圧にも動員する」としている。こうした提案に警鐘を鳴らす専門家たち（リベラル派）によると、「市街地に米軍を派遣するのは違法である。国民の軍に対する敬意の気持ちを失わせる」と言う。

オースティン国防長官は、「私は大統領選結果を認め、軍は文民指導者《シヴィリアン》（すなわち大統領）からのあらゆる合法的命令に従う」と強調した。しかし複数の専門家は、「トランプ氏が幅広い法解釈をすることで、米軍自身は倫理的に正しくないと考える。『トランプ氏が合法的とする命令』を発出すれば、それを拒否できなくなる」との見方を示した。

（これに対し）保守系シンクタンク、アメリカン・エンタープライズ・インスティテュートのコリ・シェイク氏は、「軍は（大統領からの）不道徳な命令に従わなくて良いという間違った見解である。これは実際には真実ではない（引用者注。軍隊は大統領の命令に従わなければいけない）。トランプ氏の2期目は論争を呼ぶ政策が強力に推進される。高官たちの（大量の）クビ切りが相次いでもおかしくない」と予想する。「政策と人事の両面から2期目は大きな混乱が起きる」と見込んでいる。

国防総省の文民《ぶんみん》幹部たち（いわゆる背広組《せびろぐみ》）も、トランプ氏への忠誠心を試される。

（ロイター　2024年11月11日）

このロイターの記事は、高級軍人たち（国防総省《ペンタゴン》）に対して、トランプ政権からの粛清《しゆくせい》の嵐が起きることを書いている。すなわち、軍人の幹部たちが一斉に大量に解雇《デイスチヤージ》（解任）されることや、配置転換、例えばアラスカ州への勤務（島流し）である。もはや笑い話では済まない。

これは軍に対してだけでなく、ＦＢＩやＣＩＡの高官（上級職員）たちへも一斉に実施される。現在、ワシントンにあるすべての省庁の官僚《ビューロクラット》たちの家庭では、妻（奥さん）たちが泣き叫んで「私は、田舎に住むのはイヤよ。あなたと離婚する」という恐ろしい、グチャグチャの家庭内紛争が起きている。この、ものすごい夫婦ゲンカのことは、メディアでは一切、報道されない（笑）。

●メタのザッカーバーグが「復讐」vendetta《ヴェンデッタ》に怯えた

ビッグテック（GAFAMS）たちの態度の豹変《ひょうへん》は見物《みもの》であった。あれほどトランプを毛嫌いした、この巨大通信会社のトップたちは、一瞬で態度を変えた。トランプに屈従することに決めた。表情は一様《いちよう》に、真っ青である。「これから、わが社が（トランプからの復讐《ヴェンデッタ》で）どんな目に遭《あ》うか分からない」と。

とくに怯《おび》えたのは、メタ・フェイスブックの**マーク・ザッカーバーグ**である。彼はトランプから、昨年9月に「お前は絶対に刑務所に入れてやる」と言われていた（トランプの著書『SAVE AMERICA』で）。ザッカーバーグは、マール・ア・ラーゴ邸のトランプのところに飛んで会いに行った（らしい）。そして公《おおやけ》に政治献金100万ドル（1・5億円。たったの）を贈った。しかしトランプが、これでザッカーバーグを簡単に許すとは思えない。

アマゾンの**ジェフ・ベゾス**も、「当選おめでとう」の投稿をした。その前に、10月25日の時点で、ベゾスは（自分が個人の資金で）所有する大手紙「ワシントン・ポスト」紙（通称 Wapo《ワポ》）に「カマラ・ハリス支持と社説を出すな。そんなことをしたら、お前たち編集幹部は解職《クビ》だ」と、社主《オウナー》として命令した。このとき、幹部たちで自分から辞職した者が数十人出た。ベゾスは投票日よりも前に何かを察知したようだ。だが、彼にもまだ真実は分からなかった。この真実については、このあとのほうにも書く。

アマゾンは、AWS《エイダブリユエス》というネット通信インフラで世界最大規模の強力な装置《システム》を持っている。このAWS（アマゾン・ウェブ・サービス）という会社は、インターネット上のすべての通信機能を遮断《しやだん》することができるぐらいの強大なインフラである。

このAWSが動いたために、トランプの娘イヴァンカや長男のトランプJr.《ジユニア》たちが、「ネット上のトランプ・アカウント強制停止（追放）」の直後に、必死になって新しいSNSの会社を立ち上げて、トランプ派のネット言論を確保しようとした。しかし、それらの

ＳＮＳの局は、すべてこのＡＷＳによって蹴散《けち》らされ、運用停止にされた。ＡＷＳが全世界のネット通信の土台を押さえる力は、それぐらい強いらしい。

考えてみると、このＡＷＳは日本のコンビニ大手３グループが持つ通信インフラと同じような、強力なインフラだ。２０１１年の東日本大震災のときも、メガバンクのオンライン銀行取引業務でさえ影響を受けた。ＡＴＭに不具合や使用停止事故が起きた。

ところがコンビニ系の通信インフラは、巨大な物流《ぶつりゅう》を支えていて、ビクともしなかった。だから現在もコンビニが、公共料金の支払いなどの送金や現金引き出し業務までも大銀行から奪い取ってしまった。それぐらいコンビニのコンピュータ網は強力なのだ。このことの類推から、ネット通販の世界最大企業であるアマゾンのインフラすなわちＡＷＳが、どれぐらい強力かが分かる。

このＡＷＳでアマゾンは、トランプ勢力のＳＮＳによる言論手段を奪って封殺した。のちに遅れて、２０２２年になってようやくトルース・ソウシャル Truth Social をトランプ自身が作って対抗した。だからトランプは、ジェフ・ベゾスにも怒っている。

● ビッグテックのトップたちは、どうしたか

ネットの最大企業であるMS（マイクロソフト）の社主（経営に関わらないふりをしている）**ビル・ゲイツ**は、トランプに直接、頭を下げない。威張ったままである。その代《か》わりに彼の実質子分で、MS社のCEOであるサティア・ナデラ Satya Nadella に、「トランプ、おめでとう」のコメントをXに投稿させた（11月7日）。

ビル・ゲイツは、トランプの怒りから逃げるために、日本（長野県）の中軽《なかかる》井沢《いざわ》に建てた大邸宅の別荘に逃げてきて潜《ひそ》んでいる。そこへヒラリー・クリントンも逃げてきた（11月18日）。彼らディープステイトの、表《おもて》に出ている執行役員《エグゼクティヴ・オフィサー》たちは、トランプ派の刑事司法職員《ラー・エンフォースメント・オフィサー》たちによる追跡から逃れて日本に匿《かく》れているのだ。今やディープステイトの大富豪たちは、落武者《おちむしや》の集団である。

アップルの**ティム・クック**は、後述（P210）のとおり「トランプ、おめでとう」のSNSを書いた。アップルは、創業者のスティーブ・ジョブズ（2011年10月、56歳で死）の亡きあとはティム・クックがトップである。

ティム・クックは穏やかな性格だから、露骨にトランプ虐《いじ》めはしてこなかった。しかもアップルは、今の最新式のアイフォーン16にしても、完全に１００％中国製である。設計の特許とデザイン、企画などはアメリカ国内でやっている、というふりをしている。しかしスマホ本体は、ほとんどが中国製なのだ。台湾で半導体《セミ・コンダクター》だけは自前で作ったふりをしているが、もうそういう時代でさえない。

グーグルのＣＥＯの**スンダー・ピチャイ**（インド系）も「トランプ、おめでとう」のコメントはした。しかしグーグル・ユーチューブも、とくにユーチューブが、トランプ支持勢力の人々のアカウントを世界中で徹底的に停止して、言論弾圧をした。たとえば、「ディープステイト」というコトバを掲載動画の中で使った者のアカウントは停止（削除）された。だからグーグルも微妙な対場である。

トゥイッター（今のＸ）の**ジャック・ドーシィ**は、６兆円でさっさとイーロン・マスクに売り払って業界から逃げたから、ワルながら頭がいい。幹部社員たちと株式売却の金《かね》を山分けした。さっさと危険から逃げるのも人生の知恵だ。

●今さらトランプにゴマすりしても、もう遅い

首都ワシントンの官僚たちの大量クビ切りと、島流しだけではない。ディープステイトの一角であるアメリカのビッグテック（巨大通信企業）たちにも、トランプからの復讐vendetta《ヴェンデッタ》が確実に実行、執行される。

２０２１年1月に、トゥイッター（Twitter　今はX）とフェイスブック（Facebook　今の会社名は、メタ・プラットフォームズ）の2社が、トランプのアカウントを凍結《とうけつ》（停止）した。「トランプの投稿文が利用規約に反している」というのが、アカウント停止の理由だ。そこまでやった。

不正選挙で負けさせられたあと、ＳＮＳからも排除された。そこで闘いを続けるために、トランプは自力でプラットフォームを作った。それが何度も出てきた、トルース・ソウシャル Truth Social だ。だが、自分を追放したトゥイッターとフェイスブックを許さない。言論の自由（freedom《フリーダム》 of《オブ》 expression《エクスプレッション》）と思想表現の自由が侵《おか》されたからだ。大統領であった者の通信の自由まで、私《し》企業による好き嫌いで禁圧、排除するのは何事《なにごと》か、ということでトランプは怒り続けている。言論の場を作りながら、これは明らかに言論弾

なぜマスクは流し台(sink)を持っているのか

大統領執務室に流し台を持ち込む画像。ここにマスクは Let that sink in（じっくり理解し、考えよう）と書き込んだ。実は以前の下の画像（買収直前のTwitter社に乗り込んだときの動画）との合成である

写真　2点ともイーロン・マスクのSNSから

圧である。

ところが、２０２２年10月に、トランプの同志のイーロン・マスクが、トゥイッター社を買収（４４０億ドル、６兆円）して、社名をXと変更した（２０２３年7月）。そしてトランプのアカウントは復活した。２０２３年になると、フェイスブックもトランプのアカウントの凍結を解除した。「しまった。このままではまずい。自分たちに非《ひ》がある」と、ＣＥＯのマーク・ザッカーバーグが分かったのだ。そして２０２４年11月、トランプは大統領選に大勝利した。

ビッグテック（ＩＴの巨大企業）は、今さらトランプにゴマすりしても、もう遅い。まず記事を要約して載せる。

アップルのティム・クック最高経営責任者（ＣＥＯ）はX（旧ツイッター）に、トランプ当選おめでとう、と投稿した。同氏だけではなく、マイクロソフトやアマゾン・ドット・コム、グーグルのトップが相次いで、Xで同様のメッセージを送った。

テック企業のトップたちはコロッと態度を変えた

メタ（Facebook）のザッカーバーグとトランプ
（2019年のトランプの投稿から）

アマゾンのジェフ・ベゾスは、前のトランプ政権のときに対立した。今はトランプにおべっかを使う。これを英語で「アス・キスィング」ass-kissing と言う。

一部企業（副島隆彦加筆。そうではない。ビッグテック big tech は、だ）は、これまでトランプ氏と対立した。しかしそんなそぶりは今やおくびにも見せない。米ギズモード誌は、記事で「巨大テックのトランプへのごますり（Ass-Kissing《アスキスイング》）は新たな高みへ」と皮肉った。

（日本経済新聞　2024年11月8日を要約）

●マスクの投稿した画像が意味すること

予想外のトランプ当選にビックリ仰天《ぎょうてん》だ。そして、急に始まったトランプへのお追従《ついしょう》である。彼らビッグテックたちのおべっか、ヘコヘコ、屈従《くつじゅう》、平身低頭《へいしんていとう》について語ることは重要だ。前掲した記事の本文を載せる。

「マスク氏勝利も…「トランプ2.0」テックは悲喜こもごも」

米大統領選で共和党候補のドナルド・トランプ前大統領が当選を決めた。米テクノロジー業界では巨費を投じてトランプ氏を応援した起業家のイーロン・マスク氏が

「トランプ2.0」の最大の受益者との見方が広がる。影響を受けるのは同氏だけではない。1期目と同様、あちらこちらで悲喜こもごもを目にすることになりそうだ。

「トランプ大統領、当選おめでとうございます。私たちはあなたやあなたの政権と協力し、米国が今後も創意工夫や革新、創造力で主導権を握り、その原動力となるように尽力します」――。トランプ氏の当選を決めた11月6日、アップルのティム・クック最高経営責任者（CEO）は、X（旧ツイッター）に投稿した。

同氏だけではない。マイクロソフトやアマゾン・ドット・コム、グーグルなどのトップが、相次いでXに同様のメッセージを書き込んだ。一部企業はかつてトランプ氏と対立した。（ところが、）そんなそぶりはおくびにも見せず。米ギズモードは記事で「巨大テックのごますり、Ass-Kissing《アス キスイング》（お尻にキス）は新たな高みへ（向かう）」と皮肉った。

各社が新政権と良好な関係を築くことを望み、あわよくば恩典をと期待するのは当然のことだ。現時点でマスク氏ほど好位置に付けている経営者はいない。米オープンシークレットによると、自ら設立したスーパーＰＡＣ《パック》（政治活動委員会）「アメリカＰＡＣ」を通じて、少なくとも1億1800万ドル（約180億円）を投じ（トランプに献金して）、賭けは実を結んだ。

（日本経済新聞　２０２４年11月８日　傍点は引用者）

ここに書かれている「スーパーＰＡＣ《パック》」とは、アメリカの政治資金の管理団体のことだ。アメリカでは、企業や個人が直接、政治家に献金することは禁じられている。そこで企業たちが、ＰＡＣ（political《ポリティカル》 action《アクション》 committee《コミティー》）という団体を作って、資金集めをして政治献金を堂々と行なっている。

年間の献金額には上限があった。個人なら１人、年間５０００ドル（75万円）だ。２０１０年に、米連邦最高裁判所の判決で、この上限が撤廃された。そして生まれたのが、このスーパーＰＡＣ super political action committee である。無制限に政治資金を集められるようになった。イーロン・マスクがトランプを支援するために、２０２４年に設立した「アメリカＰＡＣ」America PAC も、スーパーＰＡＣのひとつである。前掲の記事を続ける。

トランプ氏は公約でバイデン政権による電気自動車（ＥＶ）優遇策の見直しを自分

の政策に加えた。これだとマスク氏がCEOを務めるテスラの逆風になる。だが、米ウェドブッシュ証券のダニエル・アイブス氏は「他社を圧倒する事業規模があり、補助金がなくなると市場における競争力は（かえって）高まる」と予想。対中関税の引き上げも、中国製EVに対する防御壁になるとみる。

さらに、自動運転や宇宙開発の振興策がテスラやマスク氏が率いるスペースXへの追い風となる。トランプ氏が示唆する閣僚や顧問として（マスク氏の）起用が実現すれば、政策に影響力を与える立場を一段と強固にする。マスク氏は6日に早速、大統領執務室で流し台を抱える自らの画像をXに投稿し、「じっくり理解しよう（Let《レット》 that《ザット》 sink《スインク》 in《イン》）」と書き込んだ（引用者注。P209の写真）。「よく理解する」といった意味を持つ sink in に、流し台（sink）を掛けた駄洒落《だじゃれ》（pun《パン》）だが、今回が初めてではない。旧ツイッターの買収交渉が佳境に差し掛かった2022年10月、マスク氏は似た構図の写真を当時のツイッター本社で撮り、同じ文言を添えて公開。その後、同社の経営に関与しており、2年の時を経ての「使い回し」は興味深い。（略）

この流れを株式市場は好感し、11月6日（トランプ当選の日）に関連企業の株価は軒並み上昇した。テスラにいたっては、前日比15％超上昇する場面があった。一方で一部の企業は「トランプ・トレード（ディール）」の流れに乗れず、その代表格といえるメタ（フェイスブック）の株価は一時、前日比３％下落してマイナスで取引を終えた。

「（あいつは）残りの人生を刑務所で過ごすことになる」――。トランプ氏は9月に発売した新著で、メタのマーク・ザッカーバーグＣＥＯについてこう記した。トランプ氏は同社が運営するフェイスブックなどのＳＮＳが、「民主党寄りの見解ばかり表示している」と不満を募《つの》らせ、２０２１年の連邦議会占拠事件を機に、同社がトランプ氏をサービスから締め出したあと、緊張関係はピークに達した。

トランプ氏が大統領に返り咲いてザッカーバーグ氏を本当に投獄できるか、は大いに疑問だ。だが、ＳＮＳへの逆風が強まることは十分にある。カギを握るのはＳＮＳなどを運営するプラットフォーム企業に広範な免責を与えている「通信品位《ひんい》法２３０条」の改正だ。

通信品位法２３０条によって、米国では、プラットフォーム企業（メタやアマゾン、グーグルたち）は利用者による問題がある投稿を放置しても責任を追及されにくくく、かつ自らの判断で投稿を削除しても問題にならなかった。誤《ご》情報や偽《にせ》情報の拡散を防ぎたい民主党と、（プラットフォーム企業の）投稿管理の偏《かたよ》りを主張する共和党ともに問題視してきた。同床《どうしょう》異夢《いむ》の状態が続いて法改正は手つかずだった。

（日本経済新聞　2024年11月8日　編集委員　奥平和行
傍点と振り仮名は引用者）

●媚びるビッグテックの経営者、それを冷笑する米国民

ビッグテックの経営者たちは、大統領に返り咲いたトランプに真っ青である。この4年間、彼を散々な目に遭《あ》わせたからだ。急激に事態は変わった。「祝意のメッセージ」と称して、おべんちゃら、お追従《ついしょう》のコトバを送って媚《こ》びへつらい始めた。卑屈（humble《ハンブル》）きわまりない態度である。

「米テックCEO、トランプ氏に祝辞　過去対峙のベゾス氏も」

米大統領選挙でドナルド・トランプ氏が勝利を確実にしたことを受け、米アマゾ

ン・ドット・コム創業者のジェフ・ベゾス氏や米メタのマーク・ザッカーバーグ最高経営責任者（CEO）らテック企業トップが、相次ぎ祝辞を表明した。トランプ氏と対峙（対決）してきた経営者も、政府規制の先行きを心配して慎重な立ち回りに転換した。

「たぐいまれな政治的返り咲きと決定的な勝利に祝福を送りたい」。ベゾス氏は11月6日に、X（旧ツイッター）にこう投稿した。

ベゾス氏はトランプ氏の前任期中、米名門紙ワシントン・ポストの所有やアマゾンの税金支払いを巡って、トランプ氏からやり玉に挙げられ、投稿などで応酬した。だが、トランプ氏との表立った対立を避ける態度に急変した。

投開票の前に、（引用者注。事態の変化を察知したためか）ワシントン・ポストは36年ぶりに大統領選で特定候補を支持しないと決めた。（当然、）民主党支持を打ち出すと思われていたのが、中立に転じた判断は、（社主である）ベゾス氏自身が下したものだ。トランプ氏が当選した場合の報復を恐れたとの見方が飛び交った。

過去の（トランプ氏との）あつれきはともかく、ベゾス氏には米政府との間の関係を悪化させたくない事情がある。宇宙開発企業ブルーオリジンのロケット事業や、アマゾンが抱える反《はん》トラスト法（独占禁止法）訴訟で、政府と多くの利害関係が生じている。

メタのマーク・ザッカーバーグCEOも、11月6日、短文投稿アプリの「スレッズ」で「トランプ政権に協力することを楽しみにしている」と投稿した。

トランプ氏はSNSで、「彼は私に共同謀議《コンスピラシー》を企てた。私が当選したら、ザッカーバーグを投獄する」と警告していた。メタは、直近は（自身の）政治広告を減らすなど、特定の政治色が経営のリスクとなる事態を避けている。

（日本経済新聞　2024年11月7日）

この日経新聞の記事で、テック企業のCEOたちが、トランプにヘコヘコと媚びる態度に転じたことが分かる。

オープンAI《エイアイ》社（Chat GPT《チャットジーピーティ》を開発）のサム・アルトマンは、これまでは「トランプは最悪の大統領になる」と何度も発言した。ところがトランプが当選すると、途端《とたん》にXで、「トランプ大統領、当選おめでとうございます。アメリカ合衆国がAIの開発で主導権を握ることが大切です」と書いた。さらにアルトマンは、トランプに100万ドル

（1・5億円）の献金をすると公表した（2024年12月14日）。

このおべんちゃらと、スリスリの擦《す》り寄る節操の無さが、いくら商売人《ビジネスマン》といえどもあんまりだ、で、アメリカ国民の失笑《しっしょう》を買っている。

この他に、スンダー・ピチャイ（グーグル）、ティム・クック（アップル）、サテア・ナデラ（マイクロソフト）、パット・ゲルシンガー（インテル）らCEOたちが、トランプの当選を祝う投稿をした。


ビッグ・テック大企業たちの態度の豹変《ひょうへん》と、それに続いて必ず起きるトランプの復讐劇vendettaを、アメリカの国民は今か今かと待ち望んでいる。そして、今の高い地位から追われたり、財産をなくしてしまう者たちのことを「いい気味だ。当然の報いだ」「It《イッツ》 serves《サーヴズ》 you《ユー》 right《ライト》!」と思っている。

こんなことを口に出して言う（文章に書く）者は、いない（内輪《うちわ》の会話でだけだ）。しかし今のアメリカ合衆国は、この下品で野卑《やひ》な冷笑《れいしょう》（cynicism　シニシズム）で満ちている。

世界大企業の時価総額レイティング(番付)

2024年11月

1	エヌヴィディア(NVIDIA)	3.5兆ドル	17	エクソンモービル	5350億ドル
2	アップル　530兆円	3.5兆ドル	18	オラクル	5320億ドル
3	マイクロソフト	3.1兆ドル	19	マスターカード	4780億ドル
4	アマゾン	2兆ドル	20	ノボ ノルディスク	4770億ドル
5	アルファベット(Google)	2兆ドル	21	テンセント(騰讯控股有限公司)	4710億ドル
6	サウジアラムコ	1.8兆ドル	22	コストコ	4270億ドル
7	メタ(Facebook)	1.4兆ドル	23	ホームデポ	4170億ドル
8	テスラ	1.1兆ドル	24	プロクター＆ギャンブル	4150億ドル
9	バークシャー・ハザウェイ	1兆ドル	25	ネットフリックス	3830億ドル
10	TSMC(台湾積体電路製造)	9860億ドル	26	ジョンソン・エンド・ジョンソン	3730億ドル
11	ブロードコム	7670億ドル	27	バンク・オブ・アメリカ	3600億ドル
12	ウォルマート	7270億ドル	28	セールスフォース	3260億ドル
13	イーライリリー	7100億ドル	29	アッヴィ(Abbvie)	3120億ドル
14	JPモルガン・チェース	6990億ドル	30	モエ・ヘネシー・ルイ・ヴィトン	3030億ドル
15	ビザ(VISA)	5990億ドル	⋮	⋮	⋮
16	ユナイテッドヘルス	5430億ドル	43	トヨタ　35兆円	2290億ドル

出典　CompaniesMarketcap.com

NY株の時価総額は63兆ドルで、世界の51％だった(2024年11月末)。ということは、世界では、上場株の総額は125兆ドルになる。日本の東証は、このうちのなんとたったの0.5％の6兆ドル(900兆円)ぐらいだ。

●世界時価総額の謎を解く

このようにビッグテック（GAFAMS《ガーファエムエス》）は、トランプの怒りが今から自分たちに降《ふ》り注《そそ》ぐことを自覚している。

それでもこれらの大企業は、社員を世界中で30万人とか雇《やと》って利益を出している実体《じったい》のある会社である。トランプがワシントンの官僚（公務員）たちを大量にクビ切りするのとは訳《わけ》が違う。

トランプといえども、実体経済を動かして金融、経済を握っているディープステイト（大富豪の連合体）を叩きのめせるとは思っていない。トランプも商売人（ビジネスマン）あがりです。市場《しじょう》（マーケット）の実勢と諸外国の動きとの関係で、妥協と譲歩を強《し》いられる。それがTrump deal（トランプ取引、駆け引き）である。

だからアメリカの大企業たちは、トランプ当選のあとでも強気である。

「米国株マネー総取り　ダウ最高値、時価総額は世界過半に」

米国株が、世界の投資マネーを「総取り」している。投資信託経由の資金流入は過去最高ペースで、主要指数は連日のように最高値を更新している。上場企業合計の時価総額は22年ぶりに世界の過半に達した。投資家層の厚みが有力テック企業を生み出し、新規マネーを呼び込む。トランプ米次期《じき》政権の政策で一段と資金集中が進むだろうから、リスクも意識され始めた。

個人からプロまで、世界のあらゆる投資家が、資金を米国株に振り向けている。調査会社ＥＰＦＲグローバルによると、米国株ファンドには今年に入り、４４００億ドル（約66兆円）の流入があった。２０２１年の通年最高記録を上回る。（それに比べて）欧州株ファンドは22カ月連続で資金流出に直面した。中国を含む新興国株や日本株も伸び悩むなか、米国株の強さが際立つ。

断続的な資金流入が、米国企業の株価を押し上げる。ダウ工業株30種平均は、12月4日、３日ぶりに最高値を更新した。（日経の）ＱＵＩＣＫ・ファクトセットで世界企業のドル建て時価総額を集計したところ、米国企業の合計は11月末時点で63兆ドル（９５００兆円）。世界全体の51％を占める（注。P221の表を参照のこと）。月末時点で米国勢が最後に５割を超えたのは２００２年３月、ＩＴ《アイティ》（情報技術）バブル崩壊後の株価停滞期以来だ。

米国株ほど自国経済（の実態）以上に評価されている国・地域はない。11月末時点の株式時価総額を、（米の）名目国内総生産（GDP。27兆ドル）で割った値《あたい》は約2・2倍となり、GDP上位10カ国の中で最も高い。（アメリカは）自国の外で稼ぐグローバル企業が多いことが理由の一つだ。だが、「買われすぎ」との見方も少なくない。

世界の時価総額上位100社のうち、63社は米国勢だ。2020年末時点の37社から7割も増えた。アップルやエヌビディアといったテック企業がこの間に台頭したことが大きい。逆にテック分野でのけん引役（となる大企業）を生み出せなかった英国やフランス、日本は数を減らした。

トランプ氏の米大統領返り咲きは、マネーの米国集中に拍車をかけるだろう。EPFRの投信データをみても、大統領選後に資金流入に弾《はず》みが付いている。

（日本経済新聞　2024年12月5日）

このように、世界のトップ巨大企業の63％（100社中、63社）がアメリカの企業だという。だが、P221の番付表《レイティング》（✖ランキングは間違い英語）の第1位に、急激に成り上がったNVIDIA《エヌヴィディア》が、果たしてアメリカ企業であろうか。

エヌヴィディアのCEOのジェンスン・ファン（黄仁勳。まだ61歳）は、台湾人である。エヌヴィディアは、この10年間で世界中を席巻したスマホの動画配信技術に不可欠なソフトと半導体を開発した企業だ。スマホが今の人類の文化《カリチュア》を動かしていて、この通信端末機器を中心に世界経済が動いている、と言えば確かにそうなのだ。

2ナノ、3ナノの激しい競争を、世界最先端の半導体製造会社（台湾TSMC、米インテル、中国ファーウェイ、韓国サムスン）がやっている。その中に、急にエヌヴィディアが世界一《トップ》企業として躍り出た。一体、何が起きていたのか、私はまだ追跡、解読していない。それでも、これらトップ企業の半導体は、たかがスマホの、世界中のガキどもが重量の電気を喰う超微細な高級ゲームソフトのために使われている。

今、人類はコンピュータ・ゲームに狂っている。ガキたち彼らは、あの世とこの世を行ったり来たりするらしい。私はこれを、核戦争後の世界を生きる秋葉原《あきはばら》文明の人々と呼んでいる。スマホはそのために存在するらしい。それならそれでいい。

だから前述したとおり、米アップル社のスマホも、すべて中国で作られている。アメリカ国内で最高級品のアイフォンを作る、というフリだけしたが、できなかった。だからアップルのティム・クックは、中国各地にあるアップルの工場が止まったら、もうお手上げだ。

アップル製品の中国での売り上げ割合も大きい。だから中国政府に逆らえるわけがない。スマホも半導体も、本当は中国で作られている。こういう大きな、しかしきわめて単純な視点と理解を誰も言わない。

●だから円は、対ドルで切り上がる

Ｐ221の世界大企業番付の一番下に、わざと載せたトヨタは43位である。株式の時価総額（会社の大きさ）で、２２９０億ドル（35兆円）である。日本で断トツ１位のトヨタが、こんなにみっともないぐらいの規模だ。こんなことが許されることか。トヨタの高級車レクサス（ハイブリッド車）が結局、世界中で勝利した。アメリカでもバカ売れだ。電気自動車（ＥＶ《イーヴィ》）は、結局ダメだった。バカのヨーロッパ人（ＥＵ）は、今頃になって、ＥＶは寒い気候に堪《た》えられない、航続距離がもたない、欠陥が多いと気づいた。こんなことは、10年前から分かっていたことだ。

だからEVなんか、叩かれないように、ヤルふりだけしてやらなかったトヨタの勝利だった。トヨタが世界の自動車産業を制覇したのだ。イーロン・マスクのテスラのEVではない。こんなものは、乗用車としてはやがて消える。それなのに、どうしてこんなにトヨタの順位が低いのか。もっと、世界第5位とかに入っていいはずなのだ。

ということは、このトヨタの2290億ドル（35兆円）という金額表示がおかしいのだ。本当は2兆ドル（300兆円）と、10倍になるべきなのだ。ドル表示では10倍になるが、円の10倍の切り上げ（リデノミネイション）で、35兆円は300兆円でおかしくない。1ドル＝15円である。それが自然の実勢だ。

すなわち私がずっと主張してきたとおり、円が為替で切り上がって（round《ラウンド》 up《アップ》 目盛りが10倍になること）、**今の1ドル＝150円が1ドル＝15円になる**、ということだ。分かるかね。

第5章

アメリカには新米国債と通貨政策しかない

●トランプ勝利の10日後に、私はこう発表した

この本の最後に、金融・経済の分野とは違う政治分野のことをまとめて書いて載せる。私は、アメリカ大統領選挙で、トランプは無理やり不正選挙で負けさせられる、すなわちディープステイトが操《あやつ》っているカマラ・ハリスを策略で当選させる、と予測した。これは見事に外れた。私の、この「トランプはまたしても不正選挙（rigged election《リグド エレクション》）で負けさせられて、このあとアメリカ国内が分裂を始めて、やがて内戦《ないせん》（civil war《シヴィル ウォー》）状態になる」という予言は、私が投票日の5日前に出版した『トランプ勢力の徹底抗戦でアメリカの国家分裂は進む』（2024年10月、祥伝社刊）で書いた。

そしてトランプ当選のあと10日後に、驚くべき真実が判明した。ディープステイト（カマラ・ハリスとヒラリー・クリントンが表面の代表）は、本当に不正選挙をやろうとしていたのである。それが大失敗した。イーロン・マスクとトランプが着々と、極秘《ごくひ》で、このために準備して勝利した。このことについては、私は自分のサイトである「学問道場」で次のように発表した。

トランプ勝利から10日が経《た》った。私たちも急いで次の段階（ステイジ）の戦いに向かう。

副島隆彦です。今日は、２０２４年11月16日（土）です。

トランプが当選、勝利（11月6日）してから10日が経《た》った。世界はすでに過去を振り捨てて、どんどん前に進んで行く。Days《ディズ》 go《ゴウ》 on.《オン》「それでも日は過ぎて行く」だ。人類（人間）は、恐ろしい速さで、次へ次へと新しい段階へ。これまでのことをすべて置き去りにして、近《きん》未来に向かって進んでゆく。

私は、自分の近刊著の『トランプ勢力の徹底抗戦で　アメリカの国家分裂は進む』（２０２４年10月、祥伝社刊）を書いて、トランプの敗北、ディープステイト（大富豪の連合体と官僚組織）が作るカマラ・ハリス政権が出来る、と予想（予言）して外《はず》れた。

だが、私がこの本で書いたことは、これから先、次々と生きてくる。生起する。気づいている人たちは、この本を今も真剣に読んでいる。私が予見《よけん》（foresight《フォアサイト》）して書いたことが、そのうち次々と当たり始めるだろう。

私は、この10日間かなり考え込んだ。そして「副島隆彦も、前に前に進むことで、自分の思想家、民間人国家《こっか》戦略家としての職責、運命を全《まっと》うし持続させる。さらに前方に、日本国の進むべき道を切り開いてゆくことで生き延びる」と決めた。日本国は、まだまだ私の頭脳を必要としている。

ここから、私は、皆が驚くことを次々と書き並べる。思いつくままにポイントフォームで書いてゆく。

1 この数日の、トランプの閣僚任命の人事《じんじ》（パーソネル personnel）を見ていると、かなり危険な人間たちが、トランプ政権の閣僚（キャビネット・メンバー、長官）に次々と選ばれている。このことはかなり注意すべきことだ。

トランプの対外《たいがい》（国際、対《たい》世界）政策を担う長官たちは、揃《そろ》って、ネオコン＝シオニスト Zionist ザイオニストかつ残酷なネオ・リベラルの者たちだ。マルコ・ルビオ、マイケル・ウォルツ、エーリス・ステファニック（女）、トルシー・ガヴァード（女）……たちだ。このことは、トランプが「アメリカの繁栄を、何としてでもこれからも維持するには（まさしくMAGA《マガ》運動だ）、アメリカは強硬な手段を用いてでも、やってゆく」という強い決断に基づくものだ。

放《ほう》っておけば、ますます、どんどん貧乏になって衰退してゆくアメリカを、自分は大統領として放置、座視《ざし》することはできない、というトランプの強い決意による。トランプというのは、本当に強靭《きょうじん》な男だ。毎日、連日、ほとんど寝ないで頭脳を使う仕事ができる。こういう怪物の指導者がいないと、世界帝国（ワールド・エムパイア　the World Empire ）は成り立たないのだろう。

やっぱり、この世（人間世界）は、悪《あく》（evil　イーヴォウ）によって支配されてゆくしかないのだろう。この問題は、あとのほうで論じる。

2 私は昨日、ベンジャミン・フルフォード氏と対談して2人で真剣に話し込んだ。そして、そこで互いの知識と情報を持ち寄ったところ、驚くべき真実に到達した。それは、ディープステイト（カマラ・ハリス側）は、やっぱり大規模の選挙不正をやろうとして動いていた。違法に遠隔操作で、得票数を大量に移し替えるコンピューター・ソフトである、「ドミニオン」Dominion を作動させていた。

ところがである。それを、イーロン・マスクが持っている有名な「スターリンク」Starlink という今の世界で最先端の宇宙通信衛星システムが、ディープステイト側の軍事通信衛星である「フチーノタワー」Fucchino Tower のトランスポンダー（transponder 無線通信の中継器）を、宇宙空間で破壊した。スターリンクの人工衛星群（8000個あるという）から発信される Dos《ドス》 V《ヴィ》 attack《アタック》 と呼ばれる大量の電波攻撃で通信不能になった。

それでドミニオンが、ペンシルヴェニア州を始めとする7つの激戦区（バトルグラウンド・ステイト）に仕掛けてあった、すべての機能を停止させた。これには、米軍の中の宇宙軍（スペイス・フォース　Space Force ）が動いて、自分たちが管理する軍事衛星たちも使った。

このフチーノタワーという軍事通信衛星は、イタリア政府の所有だが、ヴァチカン（ローマ教会）に貸与している。だから今度も、２０２０年の11月（バイデンを無理やり勝たせた）の選挙不正と同じように、トランプを叩き落とそうとした。これで、５０００万票の投票数をカマラ・ハリスに移し替える（flip フリップ、switch スウィッチする）ことにディープステイト側は大失敗した。それでトランプの勝利となった。

❸　この宇宙通信戦争（space IT war　スペイス・アイティー・ウォーと呼ぶべきだ）で、トランプ側の大勝利となった。ここで一番重要だったのは、イーロン・マスク Elon Musk のスペイスX社が開発して持っている、スターリンクの先端技術（ハイテック）である。

　これに加えて、トランプを一貫して密かに強固に支持してきた、米空軍（エア・フォース）と宇宙軍（これはトランプが創設した。核兵器も管理する）が、真実は、ずっとこの「不正選挙を阻止する」ために、この4年間、着々と動いていた、ということだ。

　私は、「おかしいなあ。トランプたちは、何もしないで、自分たちが巨大な不正で負けさせられるのを、黙って見ているのかなあ」と、ずっと不思議に思っていた。やっぱりトランプは知恵者《ちえもの》である。ちゃんと対策を着々と立てていたのだ。

4 〝イーロン・マスク大統領〟が誕生するという噂

そして、イーロンが持っている、このスターリンクの技術が、世界最先端で素晴らしいものだ。宇宙通信技術や人工衛星のことなど私はほとんど何も知らないから、これ以上は分からない。だが、この10日間の、トランプとイーロンの密着ぶりを見ていると、やはり今度のトランプ勝利の殊勲賞MVP《エムヴィピー》は、イーロン・マスクだ。トランプが、「イーロン・マスクは、天才経営者だ」と手放しで褒《ほ》めていた。

勝利演説（現地で11月6日の真夜中の2時台だった。25分間、演説した）のときも、「あのな。イーロンのスペイスX社のロケットは、スゴイんだぞ。ロケットを打ち上げたあと、じっと待っていたら、45分後に、このロケットが宇宙空間から帰ってきて、発射台に、そのまま、立ったまま静かにすーっと降りてきた（stand down スタンド・ダウンした）ぞ。この技術は、まだチャイナーや、ロシアーも持っていない、とイーロンが言った。やっぱりこいつは天才経営者だ」と、トランプは、すっとぼけた感じで、大いにイーロンを褒めていた。私は、この語《かた》りの真意は一体何だろう、と首を傾《かし》げた。私の頭脳はこういう瞬間に、裏側の真実を解読しようと動き出す。

イーロン・マスクが次のアメリカ大統領になる、という噂《うわさ》のようなものが、この数日、辺《あた》り一面に立った。それもこれも、この不正選挙（voter fraud《ヴォウター　フロード》）を打ち破った、スターリンク社の通信技術の為《ため》だったのだ。イーロンは、南アフリカ生まれだから、米国内で生まれていないので、米大統領にはなれないことになっている。だが、それも変更できるという者もいる。

イーロンはトランプの横にいて、よくキングコングのように両腕を振り結ぶ格好をする。この「オレが戦いの勝利者で王者だ」の仕草《しぐさ》が、すべてを物語っている。

5 私は、前回の2020年11月の巨大な不正選挙のことで、『裏切られたトランプ革命』（2021年3月、秀和システム刊）という本を出版している。歴史資料としてこの本は今も重要だ。この本のP58、59に、ものすごく重要な証拠を画像で載せている。「宣《せん》誓供述書《せいきょうじゅつしょ》（affidavit　アフィデイヴィット）の証言（法廷での証拠）」付きの、「私が、ローマ教会の命令で、アメリカ大統領選挙の不正の得票の移し替えを実行しました」というイタリア人の通信会社の社長の証言と記事を載せている。次のページにその英文の文書もそのまま貼り付けている。

そして、同書のP128には、このヴァチカンによる違法行為の通信を中継で受け取って、米CIAのデータセンターの建物（ドイツの大都市フランクフルトにある）を、当時のディープステイト（ヒラリー）の子分だったCIAの女長官のジーナ・ハスペルのあとを追跡してきた、トランプ派の空軍の対《たい》テロ特殊部隊（スペシャル・フォース）のエズラ・ワトニック大佐が率いる「デルタ・フォース」のことも書いた。

このとき、4人の最強のデルタ・フォースの隊員が、CIA側の傭兵《ようへい》（マーシナリー、こいつらも特殊部隊《スペシャル・フォーシズ》上がり）との撃ち合い（銃撃戦）で死んだ。この陰に隠れて死んでゆく英雄たちの死の知らせを聞いたトランプは、ホワイトハウスで泣いたという。妻のメラニアの証言がある。

ジーナ・ハスペル（2003年のイラク戦争のときの、捕虜のイラク軍人たちへの残酷な水責《みずぜ》め拷問《ごうもん》の責任者で、〝血だらけ（ブラディ）のジーナ〟と呼ばれていた）は、キューバのグアンタナモにある米軍の厳重監獄に送られたあと、行方が分からない。すべてを白状したらしい。

6 このようにして、今度の米大統領選挙は、トランプとイーロンの智力《ちりょく》によって不正工作が破壊されて、トランプの勝利となった。

P95に載せたX（旧トゥイッター）の写真は、現地で11月6日の午前2時少し前のものだ。午前0時半には、激戦州7つのひとつ、ノースカロライナ州でトランプの勝利が確定した。この直後の様子で、背後に喜んで抱き合っているトランプ選対《せんたい》の人々が写っている。

このときトランプは、ずっしりと前のめりに座り込んで、真剣にひそひそ声で、イーロンに何か言っている。もうひとりの中央にいるハゲの男はトランプの側近である。

ここからは、私、副島隆彦の推測（作り話）である。

「おい、イーロン。あのな、ルパート（・マードック、FOX《フォックス》＝News《ニューズ》 Corporation《コーポレイション》 の社主《オウナー》）がよ、お前にFOXを売るってよ。お前、買うか」“Do you wanna deal ?”と話したのだ。マードックは、自分の負けを認めた。マードックは、ディープステイト側の大親分（頭目《とうもく》）のひとりだ。

それがトランプ勝利で、自分の Fox Channel の将来のことを考えて、イーロンに売る、と言ったのだ。そのほうが、FOXが生き延びることができる。そして今後はトランプ放送局となって、競争相手のCNNやディズニーABCや、CBS（ソニーが買い支えるだろう）や、NBCたちを蹴落《けお》とすことができる。あの司会者のタッカー・カールソンが、追放された（2023年4月）のに戻ってきて、役員待遇の総合司会者MC《エムシー》に復帰するだろう。おそらくFOXを300億ドル（5兆円）ぐらいで売るだろう。

スターリンクは、地上100キロぐらいの低《てい》高度に、すでに8000個もの通信用の小さな衛星をガバガバと打ち上げている。この通信用の小型衛星たちによる三角測量の強さで、世界一の通信力を持っている。これを使えば経費をものすごく安くできるようだ。これには中国でも敵《かな》わない。ウクライナ戦争のさ中にあるウクライナ軍も国民も、みんなこのスターリンクの世話になって、衛星通信でスマホを使っている。

スペイスX社は、海底ケーブルもどんどん世界中に引いて（敷設《ふせつ》して）いるようだ。だから、ルパート・マードックは、スターリンクの技術がなければ、もうこれからのテレビの放映権のコストカットはできない、と分かっている。だからイーロンにFOXを売る、とトランプに言っただろう。

NASA《ナサ》（米航空宇宙局）も、もうイーロンのものだ。初めは10年前に、3000人ぐらいのNASAの職員（公務員）をイーロン・マスクが雇用を引き受ける形で、スペイスXに移籍させ、その代わりに、アメリカの宇宙ロケットの発射技術を、超《ちょう》安価でイーロンにあげた。それが、ここまで来ると、もうＮＡＳＡそのものが、テキサスの本社機能とフロリダの打ち上げ基地も含めて、すべてイーロン・マスクのスペイスＸの一部になってしまうだろう。12月４日に、新しいＮＡＳＡの長官に同じ〝ペイパル・マフィア〟のジャレッド・アイザックマン（42歳）が指名された。

7 トランプ政権で諮問《しもん》委員会（政権の中に入らない）の形の、ＤＯＧＥ《ドージ》（ドージ・コインという仮想通貨もイーロンは出している。このドージとは、イタリアの中世の都市国家の総統《ガヴァナー》の意味だ）すなわち、デパートメント・オブ・ガヴァーンメント・エフィーシエンシー（Department Of Government Efficiency ＝ ＤＯＧＥ《ディーオウジーイー》）。dog 犬 のことではないぞ）「政府効率《こうりつ》化《か》省」という名の改革本部（激しいコスト・カッター）のトップにイーロンがなった。これから無駄な公務員と役所を、切りまくるだろう。

８割の無能で、腐敗した首都ワシントンの上級公務員（官僚）たち４万人ぐらいの首切りを断行する。「それで年間７・６兆ドル（約１０００兆円）の政府予算（基《き》礎《そ》的《てき》収支だけ）から２兆ドル（３００兆円）の年間予算を削減できる」とイーロンは言った。

「そんなこと、できるわけがないよ」と思っている日本のバカ言論人たちは、アメリカで吹き荒れ始めた、トランプ革命の恐ろしさを分かっていないのだ。

8 今度のアメリカの大統領選挙で、選挙管理員会が、「トランプ票　7351万票。ハリス票　6918万票。11月8日午前1時（現地）。AP電」と発表した。このあと、全米の全《ぜん》投票数の公表をしない。すなわち残りの5000万票を数えない。開票率はまだ全体で75％ぐらいだ。このあとも、それらの全投票数を公表しない。「はいはい、選挙はもう終わりました」とする。このアメリカ政府の態度と慣習《かんしゅう》に、私、副島隆彦は怒っている。何というヘンな国だ。

トランプ側さえも、真実の全《ぜん》得票数の公知《こうち》を要求しないのだ。おかしな国なのだ。だから、巨大な不正選挙が行なわれた事実。そして、それを乗り越えて、ザブーンとトランプが、まさしくアメリカ国民の9割ぐらいを得票した。カマラ・ハリスなんか、とんでもない女で、しゃべっていることが支離滅裂で、まったく人気が無《な》かった。確信犯《かくしんはん》の熱烈な民主党支持者たち2000万人以外にはいない、という事実を、しっかり世界に公表すべきなのだ。それをやらない。なぜなのか、日本人知識人の私には理解できない。

それで、「トランプ7500万票。カマラ・ハリス6900万票。したがって600万票の差で、トランプの勝ち」で、終わりにするらしい。なんという奇妙な大国だろう。訳《わけ》が分からん。真実は、少なく見積もっても、トランプが1・3億票、カマラが2000万票ぐらいのものだったのだ。これらのことは、私とベンジャミン・フルフォード氏との対談本（後述）に載せた。

●ビル・ゲイツが日本に逃げてきた

9　MS（マイクロソフト）社の社主《オウナー》の、ビル・ゲイツが、日本に逃げてきている。噂があちこちで立っている。長野県の中軽井沢《なかかるいざわ》に、12年前から作っていた巨大な邸宅（地下10階まであるという）に、やってきて潜《ひそ》んでいるようだ。山ひとつを買って造成していた。

ここは浅間《あさま》山のすぐ近くだ。軽井沢に行ったことのある人なら分かるだろうが、ここらはウソ軽井沢で、軽井沢の外《はず》れだ。この辺《あた》りにアメリカの大金持ちたち（大富豪）だけが集まる特殊な地区ができているという。マイバッハとか、そういう超高級車が見られるという。ビル・ゲイツは、シアトル（太平洋側の北部のワシントン州）の生まれで育ちだ。

ここのラグーンの大邸宅から、6時間ぐらいで、最高級プライヴェット・ジェットで飛んでくればいい。きっと、今は富豪たちに人気のホンダ（本田）のビジネスジェット機だ。どうも、アメリカから脱出して日本に逃げてきているのは、パワーエリートの弁護士とか、大富豪（スーパー・リッチ）たちで、かなりいるらしい。日本は、Japan Exile Island「ジャパン・エグザイル・アイランド」「ニッポン逃亡、逃避行の島」となって、アメリカの〝ディープステイト（反《はん》トランプ）〟の逃避先、避難所になっている。トランプ派の刑事司法職員《ラー・エンフォースメント・オフィサー》（司直《しちょく》）の追及から逃れて、世界中に逃げ出した者たちが、すでに5万人ぐらいいる。

10 このことは、2年前の2022年2月24日、ウクライナ戦争が勃発した直後に、ロシアのオリガルヒの新興財閥（成金《なりきん》）たちが、プライヴェット（ビジネス）ジェット30機とかで、まとまって一斉にロシアから集団脱出した時の、あの感じと似ている。

そして、地中海やバハマ諸島に停泊していた彼らの高級（大型）クルーザー（長さ30メートル）も、差し押さえされないように、緊急で動かして行方不明にした。IRS《アイアールエス》（内国歳入《さいにゅう》庁。アメリカの国税庁）からの捜索から逃れ出た。中には見つかって、差し押さえられた豪華船のことも、当時たくさんニューズ記事になって写真が載った。あれらの高級クルーザーは密輸用に使われる。世界の富豪たちがやることは同じだ。

金持ちたちが一番、怖いのは、いつの時代も税務署だ。トランプ勝利を受けて、ディープステイトの総崩れ（アパランチ、デバンク）が始まったのだ。バラク・オバマも消えて行方不明になっているという。ヒラリー・クリントン（カナダのバンクーバーにずっと隠れ住んでいる）も、ジョージ・ソロス（94歳。もう死んでいる。息子のアレックス・ソロスと結婚したフーマ・アヴェディンは、ヒラリーが国務長官だったときの補佐官で同性愛の相手）も、命がけの逃避行に入っただろう。

CDC《シーディシー》（米疾病《しっぺい》予防管理センター）の、あの人殺しの人造兵器であるコロナ・ウイルスとワクチン作りの責任者であるアンソニー・ファウチは、もう殺されて死んでいる。とベンジャミン・フルフォード氏が言っていた。

私とフルフォード氏との対談本『宇宙通信戦争で勝利したトランプ革命　今、アメリカで起きている本当のことⅡ』（秀和システム刊）は、1月18日に出版された。「アメリカ・ディープステイトの末路を描いた本」として買って読んでください。

⑪ 次のCIA長官に決まったジョン・ラトクリフ John Ratcliffe（1956生、68歳）は、トランプ政権の最後の国家情報《じょうほう》長官（DNI ディー・エヌ・アイ）だった。ラトクリフは、30万件の宣誓供述書（affidavit アフィデイヴィット）付きの厳格な証言・証拠で、幼児誘拐、人身売買を行なったペドフィリア pedophilia（異常小児性愛症）である異常性愛者（pedophile ペドファイル）たちの報告書を、トランプ第1次政権の末期に連邦議会に公然と提出した。この報告書は今も生きている。そして、まさにこのラトクリフが、CIAの長官に任命された。さあ、ペドファイルども、お前たちの運命は、これからどうなるか、だな。

アメリカでは、40万人の子供たちが行方不明になっている。この数字はアメリカ国民なら誰でも知っている数字だ。アメリカ人の友人がいる人は、直接、聞いてみてください。これらの子供たちの一部は一体、どういう悲惨な目に遭《あ》ったのかが、明らかにされるべきだ。人類への巨大犯罪だからだ。これらの human trafficking network「ヒューマン・トラフィッキング・ネットワーク」、「人身売買の組織網《もう》」を、トランプ政権は今から徹底的に摘発して、ヒューマン・トラフィカーズ human traffickers の凶悪犯罪者たちを一斉に逮捕して裁判にかけて、そして極刑（死刑）にするだろう。これができなかったら、トランプ革命は失敗だ。

●ディープステイトに「正義の裁き」は下されるか

12 このラトクリフがCIAの長官になって、悪の巣窟《そうくつ》そのものの大掃除が始まる。もうひとつの、腐敗した政治警察である、FBIの長官はまだ決まらない（後記。トランプは2024年11月30日に、カシュ・パテルを指名した）。FBIも、トランプの命を狙った組織である。組織ぐるみでトランプを殺そうとして失敗した（7月13日、ペンシルヴェニア州バトラーでの集会）。その責任問題がある。

このカシュ・パテルはおもしろい。トランプを支持する演説の中で、「（FBIの本部ビルである）エドガー・フーバービルの7000人の本部職員たちよ。お前たちは国家警察官なのだ。だから各州の出先《でさき》（現場）に行って、警察官をやりなさい。フーバービルは、ディープステイト記念館にする」と言った。傑作である。

司法省（DoJ《ディーオウジエイ》　Department of Justice《ジャスティス》）も悪の巣窟である。トランプを政治抗争でたくさん、言いがかりの犯罪容疑（売春婦との解決金は無効とか）で、34件も裁判にかけた。怒っているトランプ（Ｐ199に怒った顔の写真がある）は、ここを解体する。日本で言えば、法務省（かつ最高検察庁《さいこう》）である。法務省・検察庁そのものを、解体、消滅させるなんてできるのか、と、日本人は驚く。だが、今はそういう時代なのだ。トランプ革命の恐ろしさを、まだ世界中が分かっていない。

13 トランプ派で、この苦難の4年間を徹底的に戦い続けて、最後は議会への出頭拒否の罪で連邦刑務所（フェデラル・プリズン）にまで入れられた、通商問題担当大統領補佐官（高官）だったピーター・ナヴァロ Peter Navarro（カリフォルニア大アーバイン校教授）が怒り狂っている。ナヴァロは、自分を徹底的にイジメた司法省の幹部と検察官たちの名前と顔を自分で知っている。だから、ナヴァロが今から復讐する。これをアメリカ国民が楽しみにしている。

ナヴァロは通商《トレイド》担当のNo.2に復帰する。しかし、ナヴァロの真の役目は、閣僚（長官）たちの勤務評価（業績判定）を、トランプに密かに報告することだ。江戸時代の大名たちを監視した大目付《おおめつけ》の仕事である。

14 4万人の高官たちが、解職（クビ）になったそのあと、そのうちの400人ぐらいが逮捕されて、さらにこのうち一体、何人の高官たちが公開裁判にかけられるか、だ。このことが、これからの重大問題だ。ディープステイト側の、ワシントンにいる連邦政府職員の高官たちに起きる、これからの悲劇だ。ただの解職（クビ）では済まない。

米軍の幹部たちがいるペンタゴン（国防総省）の将軍たちも同じだ。

〝粛清《しゅくせい》（liquidation　リクウィデイション）の嵐が来る〟と、ディープステイトの一角である大手メディア＝フェイク・ニューズ＝代表、NYT（ニューヨークタイムズ紙）までが言い出した。オイ、お前たちも捕まるぞ（副島隆彦、笑）。ネット文章では、wwwwと書くのか。

Drain the Swamp「ドレイン・ザ・スワンプ」の掛け声で、これまでの8年間ずっと闘ってきた正義の人々は、これからどうする。スワンプ swamp とは、ド穢《ぎたな》い、どろどろの沼地のことで、ここに棲息《せいそく》、生きているヘビやムカデやヒルやイモリのような、ヒラリーのような極悪人たちが大勢いる。この腐った広大な湿地帯（これがスワンプ）から、悪い水を抜いて、灌漑《かんがい》（イリゲイションすること。これがドレイン drain だ）する。それらの害虫たちの群れを日干《ひぼ》しにして駆除《くじょ》する。そのあと埋め立てて整地する。

その湿地帯のあとに、軍隊の駐屯地（各地の連隊《れんたい》）が建つから、これをアメリカ国民は「キャンプ・スワンピー camp swampee 」と呼ぶ。この連隊に、アメリカの男たちは志願したり、実質徴兵《ドラフト》で出頭して兵役に就《つ》く。除隊もここでやる。

本当に、こいつらディープステイトの悪人どもを、トランプ政権は証拠付きで処罰できるか。幼児たちを生贄《いけにえ》にしていた、あの悪魔教《あくまきよう》の、悪魔の祭り（祭典。サタニック・フィースト）と悪魔の儀式（サタニック・リチュアル）をしてきた者たちを、どうするか、だ。「正義の裁《さば》きが下される」が本当に実現するのか。私は、日本の言論人として、遠くのアメリカのこれからの動乱の時代を見据《みす》える。

イーロン・マスクは、3日前に、Xに、Down the Drain.「ダウン・ザ・ドレイン」と書いた。自分でシンク（ sink 、洗面台）を前に担《かつ》いで、「みんな、よーく考えなさいね」Let it sink（＝ think ）in と書いた（P209の写真）。

（ We send them ）Down（大量に流してしまえ、あいつらをまとめて）the Drain.（排水溝に）という意味とひっかけている。

●ビッグファーマも処罰されるだろう

15 ロバート・ケネディJr.（ジュニア）が、保健福祉省（HHS　Department《デパートメント》 of《オブ》 (Public《パブリック》) Health《ヘルス》 and《アンド》 Human《ヒューマン》 Service《サーヴィス》 日本の厚労省）の長官になった。彼は本気で、コロナウイルスとワクチンを作った、ビッグファーマ（Big Pharma　巨大製薬会社）たちを、今から徹底的にシバいて、処罰するだろう。ファイザーとモデルナは、人類の健康への犯罪を行なったとして、強制破産させられるだろう。そして幹部たちを投獄するだろう。もっと大手のアッヴィやアムジェン、ロシュ（中外製薬）、ノバルティス、そしてタケダ（武田）たちもただでは済まない。

こら。何が明治製菓《めいじせいか》 Meiji Seika ファルマだ。この一周遅れで走っている頓馬《とんま》め。その一部の社員が書いたというのが『私たちは売りたくない！〝危ないワクチン〟販売を命じられた製薬会社現役社員の慟哭《どうこく》』（方丈社。ベストセラーだと。笑）だ。お前たち自身がワルで、悪の巣窟だ。もうバレているんだぞ。一体、誰が仕組んで、こんなくだらないことをヤラセたんだ。

一気にそういう時代が来た。すばらしいことだ。

16 だが、アメリカ合衆国が、これから大国として生き延びてゆくということになると。隠してある大借金のある、このボロ会社（国家）の社長に返り咲いたドナルド・トランプは、どうするつもりだ。こんな衰退する帝国からさっさと逃げて、さっさと新しい国を別個に作るべきだ、と、私、副島隆彦は考えた。それが私の最新刊の本での戦略提言だった。だが、しかし、今は、もうそれを私は言えない。トランプは再び正式の権力（パウア power ）を握ってしまった。あと4年間はこのまま突っ走ってゆくしかない。私は、これから次々と生起する事態を、冷ややかに見つめる。

17 それで、冒頭で書いたが。国務長官（外相に相当）のマルコ・ルビオと、国防長官のピート・ヘグセスと、安全保障担当の大統領補佐官のマイク・ウォルツ Mike Walz と、国連大使のエーリス・ステファニック（女）、国家情報長官（DNI ディー・エヌ・アイ）の トルシー・ガヴァードと、イスラエル大使のマイク・ハッカビーたちは、どう考えても、対外的《たいがい》には強硬な共和党の保守派であり、このうちの元気な女性閣僚たちは、長年、兵役に就《つ》いて外国の戦場に出ていたような強い女たちだ。アメリカ国民は、こういう強い人間を自分たちのリーダー（指導者）として好む。

彼らは、ユダヤ人ではないのだが、シオニスト（Zionist　イスラエルを絶対守る人たち。元々パレスチナにいたユダヤ人ではない、欧米から戻ったユダヤ人たちを支持）である。そしてネオコンの色合いが濃い。ネオリベラルでもある。それでも、トム・コットン上院議員（アーカンソー州選出、軍歴あり）のように露骨なネオコンで、かつムーニー（統一教会。世界反共同盟）の危険な人間たちを、トランプは慎重に排除した。

マイク・ウォルツは、対《たい》中国、対イラン強硬派である。国家情報長官（DNI）になったトルシー・ガヴァード女史が恐れられている。若いころから筋金入りの民主党だが、民主党の腐敗が酷《ひど》い、と喚《わめ》いて共和党に転じた。21歳でハワイ州からの下院議員になった。そのあと8年ぐらい、州兵に志願して兵役に就いた女だ。演説もうまい、見るからに気《き》丈《じょう》な女性だ。それでも父親が、ハワイ州で、反《はん》イスラム、反《はん》ヒンドゥー教の運動をしている人物だから、きっと強いイスラエル寄り（シオニスト）だ。この問題はそのうち徹底的に考える。

18　司法長官（アトーネイ・ジェネラル　Attorney General）に指名されたのがマッ

ト・ゲイツだ。前述した司法省（DoJ）を八《や》つ裂《ざ》きにするための突撃隊長として、トランプに抜擢《ばってき》された。このマット・ゲイツの横には、必ず下院議場で、あの勇敢な戦士（ウォリヤー）で馬顔女《うまづらおんな》のマージョリー・テイラー・グリーンが座っている。私が大好きなキューアノンQAnonである。トランプは、「幼児誘拐、ペドフィリア、人身売買と戦う」QAnonからも閣僚に入れた。それも司法長官という、この異常犯罪を取り締まる役所のトップに据《す》えた。

ところがマット・ゲイツは、さっそくペドpedoたちが支配する民主党議員と主流派メディアに狙われて、過去の17歳の少女買春《かいしゅん》の罪で先制攻撃されて指名を辞退した。このゲイツ自身がペドである、とフルフォード氏と西森《にしもり》マリー氏が言う。なんだか複雑怪奇だ。政治の内部の暗闘は測《はか》り知れない。

QAnon《キューアノン》の正体は、米軍の中の、一番公正で立派な人格者たちの集まりである軍事法廷裁判官（JAG ジャグ。Judge Advocate Generals ジャッジ・アドヴォケット・ジェネラルズ）の将軍たちである。彼らの強い応援が続いたので、米軍の中に隠れトランプ派の大勢力がずっと存在したのである。代表はチャールズ・ピートCharles Pete陸軍中将だ。彼ら公正な将軍たちが、２０１４年に、トランプに「トランプよ、どうか大統領選挙に出てくれ。この国の腐敗はあまりに酷《ヒド》い。これを立て直してくれ」と、頼んだのだ。

凶悪な性犯罪者たちだけでなく、聖職者であるカトリックの司教や司祭たちまでも、たくさん異常幼児性愛の犯罪の事実で、各国で証拠が挙がって裁判になり騒がれた。この者たちは、アメリカだけでなく、世界各国で逮捕して裁判にかけるべきだ。その数は数万人に及ぶ。これにはイギリス国教会（Anglican church《アングリカンチャーチ》）。聖公会《せいこうかい》とも言う）の高層の司祭《ビショップ》たちも含まれる。このイギリス国教会の主宰者（ドン）はイギリス国王であり、神格《ペルソナ》を持つ。ここも腐敗し尽《つ》くしている。ここも人類の諸悪の根源だ。

そして、ヒラリー派として、これまでに多くの違法行為を自ら行ない、秘密の儀式（リチュアル）にも参加してきた司法省やＦＢＩの高官たちだ。数百人は裁判にかけるべきだ。解職（クビ）だけでは済まない。

それと法曹《ほうそう》（legal guild《リーガルギルド》）だ。彼ら超《ちょう》エリートの法律家や裁判官たちまでも、多くがディープステイトである。アメリカ民衆の、長年の怨嗟《えんさ》の的《まと》である。ヨーロッパの白人民衆たちは、彼ら法曹や教会の腐った神父たちに、ずっと苦しめられてきた。子供たちがかどわかされて、虐《しいた》げられてきた。とくにお膝元《ひざ》のイタリアがヒドい。

トランプ当選、勝利の直後から、ペド官僚たちは真っ青になって、急に、自分の役所に

「外国に、long《ロング》 vacation《ヴァケイション》 長期休暇します」と申し出て、すでにトンズラした。この高官ども、全部、米軍の憲兵隊（ＭＰ　ミリタリー・ポリス）が捕まえて本国に強制護送すべきだ。

おい、慶応《けいおう》大学の三田《みた》会（日本のディープステイトの出店《でみせ》、支店）の大学教授ども。筑《つく》波《ば》大学の統一教会のバカ教授たちも含めて。渡辺靖《わたなべやすし》教授を筆頭に、２００人ぐらい、日本人も悪魔崇拝の儀式（リチュアル）参加組として、すでにリストができている。覚悟せよ。

●こうしてドルは10分の1に切り下がる

19 ルドルフ・ジュリアーニ（ＮＹ市長もした）が、大きな車で、マール・ア・ラーゴの当選の祝賀会に来ていたのがテレビにチラとだけ映った。トランプの堅い同志として、苦難のときもずっとトランプを支え続けた大物政治家である。大統領選挙にも出た。

彼はメディアの前には出ないが、きっと、トランプと肝胆相照《かんたんあいて》らして、これまでの苦労を語り合っただろう。そして自分たちをさんざん苦しめた、ディープステイトの悪魔崇拝の者たちを、自分たちの本拠であり、まさしくNYから徹底的に排除するだろう。

ジュリアーニは、老体の弁護士の大御所として、トランプを支え続けた。そして自分も相当にいじめられて、最後は破産させられた。強制的な財産の差し押さえまで受けた。

ジュリアーニは、NY市の検事総長（アトーネイ・ジェネラル）もした男だ。NYのマフィアの世界も、裏の裏まで知り尽くしている。トランプもそうだ。彼ら自身がマフィア体質だ。だから彼らは強いのだ。ただの品行方正な人格者ではない。どんな泥臭いこともやってきた。だから、これから彼らが大きな復讐《ふくしゅう》をする。

20 それは、ただのリタリエイション retaliation の復讐ではない。
まさしくヴェンデッタ vendetta だ。このヴェンデッタは、イタリア・マフィアのコルシカ島の伝統に有《あ》る暴力団たちの復讐のやり方だ。簡単に言えば、コンクリート詰めで川、海に沈める。今から、トランプたちの壮大な vendetta 復讐劇の始まり、始まりである。これは世界の金融の中心《センター》である大都会のNYで行なわれるヴェンデッタだ。
私は、スポーツ用語の ✖ リベンジとか ✖ アベンジ（ジャー）という言葉が嫌いだ。逆襲とか、反撃とか、リターン・マッチとかも嫌いだ。くだらない。だいたい、「パンとサーカス」bread《ブレッド》 and《アンド》 circus《サーカス》で、バカ野球やバカ・サッカー。それから5万人が後楽園《こうらくえん》球場（東京ドーム）に集まって、ワイワイやる音楽コンサートで、ヤラセのヒーロードラマに自分の人生を入れ揚げているようなバカたちは、頭の悪い人間たちだ。ディープステイトに飼い慣らされた家畜人間たちだ。

私は、ここまではっきり書く。もっと真剣に、世の中のことを考えろ。このド貧乏のバカども。いつ、本気で怒り出すのだ。こんな貧乏な国にさせられて。私たち日本人の血の中に脈々と流れている百姓一揆《ひやくしよういつき》の伝統を、ハッと思い出せ。

21 そうだ、最後の最後に書く。まだ、財務長官（トレジャリーあるいはファイナンス・セクレタリー）は決まらない（後記。トランプは２０２４年11月22日に、金融投資家のスコット・ベッセントを指名した）。財界人（大企業経営者あるいは金融業界）の中から選ばれるだろう。トランプの大きな計画として、アメリカ政府の財政立て直し（立て直しはできない。あまりに巨額の負債、借金を抱えている）と、弱体化するドルの力を、どうするか。

ここでトランプは、大きな奇策に出るだろう。それは、敗戦国家で、ワイマール体制の無惨なドイツで1933年から行なわれた、シャハト債券 Schacht bond《ボンド》（あるいはMefo Wechsel メフォ・ヴェクセルと言う）の手法を取るだろう。これまでに抱えた巨額の国家負債をそのままにして、横に置いて凍結する。そして、それとはまったく別個に新しい債券、国庫証券のようなものを手品で発行して、それで大規模の財政出動で、貨幣（通貨、米ドル）になんとか信用を付ける。このやり方をするだろう。

　アメリカは実質、破産している帝国であるのだから、アメリカ政府には、まずこのインチキ臭い新《しん》国家債券の発行、そして通貨《つうか》政策（カレンシー・ポリシー currency policy ）しか他に、アメリカを再生させる道はない。すなわち、大きなドル通貨の切り下げ（ラウンド・ダウン round down 、あるいはディー・ヴァルーエイション devaluation ）である。おそらく、ドルを現在の10分の1にするだろう。すなわち、デシマル・ポイント decimal point の移動だ。十進法で、1が0・1になる。

あとがき

この本を書き上げるために、私が採用した大方針は。

まず書名どおり、「金《きん》は下がったときに買いなさい」である。金はもうすぐ再び大きく値段が上がり始める。

その次は、トランプ大統領に対して、アメリカ国内では **Ⅰ トランプ、頑張れ** である。しかし、対世界では **Ⅱ トランプ、この野郎** である。この2つの相《あい》反する愛憎感情が、これからの世界分析の基本となる。

Ⅰでは、まずアメリカ国内の、腐敗したディープステイト（大富豪たちの連合体）の忠実な下僕《しもべ》集団であるワシントンの官僚たちを叩《たた》きのめせ、である。

そして **Ⅱ トランプ、この野郎** は対《たい》世界、すなわち日本を含む世界中の人々がトランプに怯《おび》えている。この男は本当に何をしでかすか分からない、と。トランプは「外国はアメリカにもっとカネを払え」、「アメリカ国内を立て直すことで私は精一杯《せいいっぱい》だ」である。アメリカに軍事（安全保障）で守ってもらいたかったら、金融・経済でアメリカに今以上に貢《みつ》ぎ物を出せ、だ。このことに対しては、日本では、民間人国家戦略家を自称する私が対応する。トランプのやり口を鋭《するど》く見抜き、急いで警戒警報を出し、対策を提言する。

Iのトランプ、頑張れ では、目下、ワシントンの官僚（上級公務員。高官たち）4万人が一斉にクビを切られて、地方に飛ばされる事態になっている。これまでタップリいい思いをしてきた官僚たちがオロオロしている。逮捕、投獄を覚悟した者たちは、すでに長期休暇願い long vacation《ロング ヴァケイション》を出して国外に脱出した。もう帰ってこない。トランプ派からの復讐（vendetta ヴェンデッタ。イタリア・マフィアの流儀）が恐ろしいからだ。上流階級ぶってきたその奥様たちは、「私はアラスカなんか行かないから。ワシントンやニューヨークを離れるのだったら、あなたと離婚する！ ひとりで行きなさい」と騒いでいる。こういうことは外国のテレビ、新聞、ネットの記事にはならない。

この事態に、アメリカ大衆の貧乏白人たち（プア・ホワイト poor white）が、「いい気味だ」と囁《ささや》き合っている。これを英語で「(イット・) サーヴズ・ユー・ライト」（It） Serves you right. と言う。すなわち、「それにふさわしいことを、お前たちはこれまで散々《さんざん》やってきたのだ」という意味だ。これも日本ではニューズにならない。

もうひとつ、GAFA《ガーファ》+MS《エムエス》（ビッグテック）のトップたちが青醒《あおざ》めている。この4年間、ものすごく激しくトランプを嫌って、彼のSNSをアカウント停止して、言論弾圧をやった。これへのトランプからの仕返しが怖くて、アス・キスィング ass-kissing（お尻舐《な》め）すなわちコロリと態度を変えて、ヘコヘコとトランプに屈従《くつじゅう》している。おカネまで公然と貢ぎ（政治献金）始めた。このことは本書に書いた。

それでも私が一番不愉快なことは。トランプ当選の後《あと》の11月20日に、ヒラリー・クリントンは落ち武者《むしゃ》として日本に逃げてきた。皇居宮殿の連翠《れんすい》の間《ま》に現われて、天皇皇后に拝謁《はいえつ》した。ヒラリーは敗軍の将であり敗残者だ。同じく日本に来て隠れているビル・ゲイツを頼って来た。2人は一緒に捕まって、アメリカで裁判にかけられるべきなのだ。

ヒラリーは米国務長官《ステイト・セクレタリー》として、2011年からの「アラブの春」という謀略政治を主導して、中東アラブ世界の人を戦乱でたくさん死なせた。2019年10月からのコロナウイルス騒ぎで、それに一番大きなカネを出したビル・ゲイツも、世界民衆にとっての大《だい》犯罪者である。日本国内からも、彼らをコロナウイルスとワクチン謀略の元凶者《げんきょうしゃ》としてあれほど騒いで糾弾《きゅうだん》したのに、ヒラリーとビル・ゲイツを逮捕し、処罰せよと主張する人がいない。このことに私はひとりで怒っている。
ドナルド・トランプ自身が、ヒラリーたちを捕まえることをしないという内輪《うちわ》での手打ちをした。彼らのことを「雲《くも》の上の人々」above《アバヴ》 the《ザ》 law《ラー》 と言う。普通の法律《ラー》の適用を受けない世界権力者たちだ。彼らは処罰されない。こういうことは金融・経済の本では、普通は書いてはいけないことになっているのだろう。

　もうひとつ大きな事実で、日本国民が知るべきことがある。11月5日の米大統領選挙の数日前から、イーロン・マスクが持つ「スターリンク」の通信衛星群（スペイスX社が射《う》ち上げる）が、全米で5000万票分の不正選挙の移し替えを、4年前と同じく実行しようとしていたディープステイト側の軍事通信衛星（ローマ・カトリック教会が運営）に、激しい通信攻撃（Dos《ドス》 V《ヴィ》 attack《アタック》）を仕掛けて通信不能にし、破壊した。これでトランプが選挙に勝利したのである。

　このことも日本国内ではまったく話されない。アメリカ国内で噂話が広がっている。私だけが書く。スターリンクが不正選挙を食い止めたという事実は、open《オープン》 secret《シークレット》（公然の秘密）であり、アメリカ国民はヒソヒソと話している。

“Do you know that? Elon's《イーロンズ》 Starlink《スターリンク》 was used to sabotage《サボタージュ》 Dominion《ドミニオン》 network.”

「知ってるか。イーロンのスターリンクが、ドミニオンの犯罪衛星システムを破壊したんだぞ」

だから今、イーロン・マスクがキングコングのように胸の打ち鳴らし（gorilla《ゴリラ》 chest《チェスト》 beating《ビーティング》）をして、トランプよりも威張っている。このことはみんなが知っている。そして皆、何故《なぜ》だろうと不思議に思っている。背後に前述の大きな事実があったからだ。この事実も私がこの本に書いて、私が日本国民に教える。

その他、金融・経済のことも、当たり前のことだがたくさん書いた。年がら年中《ねんじゅう》おカネと金儲《もう》けのことしか考えない人間たちに向けて、お前たちはちょっとは……あ、これは書いてはいけないことだ。

それでも金《きん》の値段がものすごく上がった。みんな儲かって良かった。副島隆彦の本を買って読んで、本当に早めに金《きん》に投資した人々は大儲けした。この人々からの私への信用、信頼は、さらに強固なものになっている。私はさらに自信を持って、金融予言者《よげんしゃ》として近《きん》未来に向かって突き進んでゆく。みんな私に付いて来なさい。

この本を書くにあたり、いつもどおり編集者の岡部康彦氏にお世話になった。記して感謝します。

副島隆彦

ホームページ「副島隆彦の学問道場」　http://www.snsi.jp/

ここで私、副島隆彦は、前途のある、優秀だが貧しい若者たちを育てています。
会員になってご支援ください。

切りとり線

★読者のみなさまにお願い

この本をお読みになって、どんな感想をお持ちでしょうか。祥伝社のホームページから書評をお送りいただけたら、ありがたく存じます。今後の企画の参考にさせていただきます。また、次ページの原稿用紙を切り取り、左記編集部まで郵送していただいても結構です。

お寄せいただいた「100字書評」は、ご了解のうえ新聞・雑誌などを通じて紹介させていただくこともあります。採用の場合は、特製図書カードを差しあげます。

なお、ご記入いただいたお名前、ご住所、ご連絡先等は、書評紹介の事前了解、謝礼のお届け以外の目的で利用することはありません。また、それらの情報を6カ月を超えて保管することもありません。

〒101―8701（お手紙は郵便番号だけで届きます）
祥伝社　書籍出版部　編集長　栗原和子
電話03（3265）1084
祥伝社ブックレビュー　www.shodensha.co.jp/bookreview

◎本書の購買動機

＿＿＿新聞の広告を見て	＿＿＿誌の広告を見て	＿＿＿新聞の書評を見て	＿＿＿誌の書評を見て	書店で見かけて	知人のすすめで

◎今後、新刊情報等のパソコンメール配信を　　希望する　・　しない

◎Eメールアドレス　　※携帯電話のアドレスには対応しておりません

@

100字書評

金は下がったら買う。トランプはドルを切り下げる

住所

名前

年齢

職業

金《きん》は下《さ》がったら買《か》う。トランプはドルを切《き》り下《さ》げる

令和7年2月10日　初版第1刷発行
令和7年3月10日　　　第2刷発行

著　者　副《そえ》島《じま》隆《たか》彦《ひこ》

発行者　辻　浩明

発行所　祥《しよう》伝《でん》社《しや》

〒101-8701
東京都千代田区神田神保町3-3
☎03(3265)2081(販売)
☎03(3265)1084(編集)
☎03(3265)3622(製作)

印　刷　堀内印刷

製　本　ナショナル製本

ISBN978-4-396-61833-9　C0033

Printed in Japan

祥伝社のホームページ・www.shodensha.co.jp